Himmel und Hölle

Burkhard Ciupka-Schön / Hartmut Becks

Himmel und Hölle

Religiöse Zwänge erkennen und bewältigen

Patmos Verlag

VERLAGSGRUPPE PATMOS

PATMOS
ESCHBACH
GRÜNEWALD
THORBECKE
SCHWABEN

Die Verlagsgruppe
mit Sinn für das Leben

Für die Verlagsgruppe Patmos ist Nachhaltigkeit ein wichtiger Maßstab ihres Handelns. Wir achten daher auf den Einsatz umweltschonender Ressourcen und Materialien.

Bibliografische Information der Deutschen Nationalbibliothek
Die Deutsche Nationalbibliothek verzeichnet diese Publikation in der Deutschen Nationalbibliografie; detaillierte bibliografische Daten sind im Internet über http://dnb.d-nb.de abrufbar.

www.patmos.de

Umschlaggestaltung: Finken & Bumiller, Stuttgart
Coverabbildung: shutterstock / SJ Travel Photo and Video
Gestaltung der Grafiken zu den verschiedenen Zwängen: Svenja Kleinhaus / Kommunikationsdesign / s.kleinhaus@yahoo.de
Gestaltung, Satz und Repro: Schwabenverlag AG, Ostfildern
Druck: CPI books GmbH, Leck
Hergestellt in Deutschland
ISBN 978-3-8436-1091-9 (Print)
ISBN 978-3-8436-1111-4 (E-Book)

Für meinen
Vater Georg Ciupka
* 5.10.1931
+ 28.04.2018
der nun in einer österlichen Welt lebt,
ohne Schmerz und ohne Angst.

Inhalt

Dank

Ich möchte an dieser Stelle allen Menschen danken, die zum Gelingen dieses Buchprojekts beigetragen haben. Hervorheben möchte ich zwei Betroffene mit religiösen Zwängen, die uns ihre Geschichte aufgeschrieben haben und deren Texte ich nur minimal korrigiert und verändert habe.

Besonders danken möchte ich meiner Ehefrau Bettina Schön und meiner Lektorin Heike Hermann, die mir bei der Korrektur der Sprache und der inhaltlichen Gliederung sehr geholfen haben.

Bei Benennung des Geschlechts von Therapeutenkollegen und Betroffenen einer Zwangserkrankung habe ich mich zugunsten einer besseren Lesbarkeit für die verbreitete männliche Form entschieden. Selbstverständlich möchte ich auch immer die Frauen ansprechen, seien sie Kolleginnen, Klientinnen oder Angehörige von Betroffenen.

Neben den zwei selbstverfassten Berichten der Betroffenen habe ich zur Erläuterung eine größere Anzahl von kleinen Fallgeschichten eingefügt, die ich zum Schutze der Anonymität stark verändert habe. Ähnlichkeiten und Übereinstimmungen mit real lebenden Personen sind also rein zufällig. Therapeutisch und inhaltlich handelt es sich um echte Beispiele aus meiner Praxis und meiner Beratungsarbeit.

Als Autoren des Buches ist uns beiden die Arbeit von der »Flüchtlingshilfe Alpen« sehr wichtig und wir möchten unsere Honorare dafür einsetzen, um einzelnen Geflohenen in Trauma und Trauer zu helfen. Gedacht haben wir hier an künstlerische Projekte mit einer lokalen Künstlerin und die Finanzierung von Dolmetschern; denn die schweren Themen erzählt man in seiner Muttersprache.

Die Homepage der Flüchtlingshilfe Alpen:
www.fluechtlingshilfe-alpen.de

Wichtiger Hinweis

Die in diesem Buch enthaltenen Informationen, Hinweise und Übungen wurden nach bestem Wissen der Autoren erstellt und sorgfältig geprüft. Sie ersetzen jedoch nicht den persönlich eingeholten theologischen, psychotherapeutischen oder medizinischen Rat. Verlag und Autoren können für Irrtümer, die aus der Anwendung der dargestellten Informationen, Hinweise oder Übungen resultieren, keine Haftung übernehmen. Deren Nutzung bzw. Durchführung erfolgt auf eigene Verantwortung der Leserinnen und Leser.

Einführung

Im Jahre 1521 wurde Martin Luther nach Worms zitiert, um sich im Reichstag vor Kaiser Karl V. zu verantworten, der zu den mächtigsten Männern der damaligen Welt gezählt wurde. Luther wurde aufgefordert, seine Thesen zu widerrufen, die er in seinen Schriften formuliert hatte. Luthers Schriften handelten von der Gnade Gottes und richteten sich unter anderem gegen den Ablasshandel der katholischen Kirche. Jan Hus vertrat ähnliche Thesen und wurde im Jahre 1415 wegen ketzerischer Aktivitäten verbrannt. Luther wusste, dass er sich dem gleichen Risiko aussetzte, wenn er seine Ansichten beibehielt.

Frau S. ist eine fünfunddreißigjährige Verkäuferin, die durch eine Vielzahl von Ängsten belastet wird: »Durch meine Schuld könnte mein Ehemann sterben!«, »Wenn ich meiner Kollegin gegenüber unverschämt bin, trifft mich dafür eines Tages die Strafe Gottes!«, »Ich könnte eines Tages die Kontrolle verlieren und meine Katze erwürgen!« Diese und ähnliche völlig unbegründeten Befürchtungen versucht sie durch tägliche, stundenlange, zwanghafte »Gebete« zurückzudrängen. Besonders starke Ängste bekämpft sie mit ausgiebigen Selbstbestrafungen und bizarren Bußritualen. Besonders wirkungsvoll, weil schmerzhaft, ist für sie ein stundenlanges Beten auf den Knien.

Was hat Martin Luther mit der Frau in unserem kleinen Fallbeispiel zu tun? Die Autoren dieses Buches glauben: Sehr viel, weil beide Personen unter einer religiösen Zwangsstörung litten beziehungsweise leiden.

Der Auftritt Luthers in Worms gehört zu den größten Wendepunkten der Weltgeschichte: »Hier stehe ich. Ich kann nicht anders. Amen.« In Filmen und auf Bildern wird Luther, während er das gesagt haben soll, in aufrechter, stolzer Pose gezeigt, der Kaiser in gebeugter Haltung. Nur hat sich das alles wirklich auch so abgespielt oder sind diese berühmtesten aller Lutherworte eine Propaganda im Spiel der Mächtigen?

Oder war Luther eher das ängstliche, verschrobene Mönchlein, wie er von seinen zeitgenössischen Gegnern geschildert wurde? Wer Texte zu Luthers Biografie durch die psychotherapeutische Brille betrachtet, findet viele Hinweise für eine religiöse Zwangsstörung und viele andere Zwänge. Aus der Sicht eines religiösen Zwanges erscheint die Angst Luthers vor der Strafe Gottes und dem Höllentod schlimmer als die Angst vor dem realen Feuertod und der Macht des Kaisers.

Ist Gott gut und gnädig oder der wütende Richter, der uns Menschen mit Hölle und ewiger Verdammnis bestraft? Dies ist eine zentrale Frage von Luthers Theologie, die auch Menschen mit einem religiösen Zwang quält. Martin Luther schaffte es, seine religiöse Zwangsstörung mit einer Theologie der »Gnade Gottes« erfolgreich zu bekämpfen. Luther protestierte gegen den Ablasshandel, den wir als ein gutes Geschäft mit der Angst bezeichnen können. Die Beseitigung der Angst vor Gott in der Theologie Luthers war gleichzeitig auch die Zerstörung eines sehr erfolgreichen Geschäftsmodells, mit der Luther sich die Feindschaft vieler Mächtiger seiner Zeit zuzog.

Später heiratete Luther, der als Mönch vor Gott ewige Keuschheit geschworen hatte, Katherina von Bora, eine entlaufene Nonne. Aus der Sicht des katholischen Mittelalters beging Luther damit eine doppelte Todsünde.

Aus meiner gegenwärtigen Sicht als Verhaltenstherapeut stellte Luther sich aus freiem Willen seinen Ängsten und machte daraus eine Reizkonfrontation, die wir Verhaltenstherapeuten als Mittel der ersten Wahl zur Bewältigung von Ängsten und Zwängen ansehen.

Zu Luthers Zeiten hatte man religiöse Zwänge als alleinige Sache der religiösen Seelsorge angesehen. Heute ordnet die moderne Psychiatrie und Psychotherapie Zwänge immer mehr als verborgenes, aber höchst bedeutsames seelisches Phänomen ein, das der professionellen Behandlung bedarf.

Hartmut Becks, seit 25 Jahren Pfarrer, zeichnet im Kapitel

»Martin Luthers Weg aus Angst und Zwängen« ein Bild von Luther, das ihn weniger als zornigen, weitsichtigen Übermenschen zeigt, sondern als ein von seinen religiösen Skrupeln und Zwängen getriebenen Menschen, der sich aufgrund seiner besonderen Persönlichkeit und aufgrund historischer Zufälle stetig weiterentwickelte und zum großen Reformator wurde. Und so sollten wir ihn heute sehen. Wir möchten den vielen Menschen, die in ihren religiösen Zwängen gefangen sind, Hoffnung machen. Das Beispiel Luthers zeigt, dass eine Bewältigung religiöser Zwänge möglich ist.

»Menschen mit religiösen Zwängen? Die kenne ich in meiner Gemeinde auch!«, sagte mir einmal der Pfarrer meiner katholischen Pfarrgemeinde, mit dem ich mich über die Schwerpunkte meiner verhaltenstherapeutischen Arbeit in meiner Praxis unterhielt.

Die Zwangserkrankung ist eine der häufigsten seelischen Störungen mit wahrscheinlich zwei Millionen Betroffenen in Deutschland. Auf der Basis wissenschaftlicher Untersuchungen lässt sich ermitteln, dass davon circa 118.000 Menschen religiös-moralische Zwänge haben. Spezielle Forschungsansätze zu solchen religiösen Zwängen, moderne psychotherapeutische Fachliteratur und/oder aktuelle Ratgeber zum Thema sind noch ausgesprochen selten.

Dieses Buch richtet sich an Betroffene, Therapeuten, aber auch an Religionslehrer, Gemeindereferenten, Pfarrer und alle Menschen, die viel Umgang mit religiösen Menschen haben. Ein Ziel ist es, diese Personengruppen für religiös-moralische Zwänge zu sensibilisieren und ihnen konkrete Hilfen zum Umgang mit eventuell Betroffenen zu liefern. Denn hinter dem Anschein einer besonderen Frömmigkeit und eines religiösen Interesses verbirgt sich bei Zwangskranken ein ernst zu nehmendes behandlungsbedürftiges Leiden, das in schwereren Fällen neben der Seelsorge einer professionellen ärztlichen und psychotherapeutischen Behandlung bedarf. Luther hat durch seine theologischen Ideen seinen Weg aus Zwängen und Ängsten gefunden. Betroffenen empfehlen wir aber, den Weg nicht alleine zu gehen, sondern Rat und Hilfe bei Personen zu suchen, die über Erfahrung und Wissen im Umgang mit Zwangsstörungen verfügen. Ich werde in diesem Buch zunächst das Phänomen religiöser Zwänge vorstellen, damit der Leser erkennen kann, wann er es mit dieser Art von Zwängen zu tun hat, denn den Betroffenen ist es auf den ersten Blick nicht anzusehen, dass sie an ihren religiösen Vorstellungen leiden. Ich werde Unterschiede und Gemeinsamkeiten der religiösen Zwänge mit anderen bekannteren Zwängen wie das zwanghafte Waschen und das zwanghafte Kontrollieren diskutieren. Dahinter steckt die Frage, ob wir bei religiösen Zwängen die gleichen therapeutischen Strategien einsetzen sollten wie bei allen anderen Zwangsstörungen auch. Neben theologischen und psychologischen Blickwinkeln schenken wir der Stimme der Betroffenen in verschiedenen Fallbeispielen Gehör.

In einem kurzen Überblick vermittle ich einige Grundkenntnisse über die therapeutischen Hilfsmaßnahmen: Zwangserkrankten empfiehlt die Weltgesundheitsorganisation (WHO) bestimmte Medikamente aus der Gruppe der Serotoninwiederaufnahme-Hemmer und die kognitive Verhaltenstherapie, die auf eine reale Konfrontation mit den Ängsten der Betroffenen abzielt.

Bezüglich der Ursachen von Zwängen stehen wir noch immer am Anfang der Forschung, daher werde ich vorrangig auf die lernpsychologischen Ursachen eingehen. Sicher ist, dass die religiöse Erziehung für religiöse Zwänge eine wichtige Rolle spielt. Die Diskussion genetischer und anderer biologischer sowie psychologischer Ursachen (psychoanalytische Übertragung, Bindung und Persönlichkeit) gehen über den Rahmen dieses Buches hinaus. Abschließend wird Hartmut Becks das Eingangsbeispiel Martin Luthers genauer beleuchten.

Wie intensiv religiöse Zwänge das Leben beeinträchtigen können, soll an dem folgenden Fallbeispiel deutlich gemacht werden. Herr G.F. leidet bereits seit über 60 Jahren an Zwängen, für die er seelsorgerische und therapeutische Hilfe in Anspruch genommen hat. Mit wechselndem Erfolg. Seine Geschichte hat er unter anderem im Mitgliedsheft der Deutschen Gesellschaft Zwangserkrankung aufgeschrieben.

I. Erste Fallgeschichte

Mein langer, sinnloser Kampf gegen religiöse Zwangsgedanken

von G. F.

Stellen Sie sich bitte vor, Sie werden gefragt, wie es Ihnen geht und Sie antworten: »Danke, körperlich gut, aber ich leide sehr unter religiösen Zwangsgedanken.« Erstaunen und Unverständnis Ihres Gegenübers wären sicher groß.

Religiöse Zwangsgedanken und ihre Äußerung stehen unter einem absoluten Tabu, fest installiert durch den eigenen inneren Richter. Er bewertet es als das Schlimmste, das ein Mensch tun kann, und spricht das Todesurteil.

Das Innerste kann die im Hintergrund ständig lauernden und jederzeit überfallartig einschießenden Gedanken und Impulse nicht annehmen. Man erlebt mit unglaublicher Ohnmacht und gleichzeitig bei klarem Verstand, dass man die gefürchteten Gedanken mit dem Willen nicht verhindern kann. Im Gegenteil: Je mehr ich einen Gedanken nicht will, desto mehr muss ich ihn denken. Dafür gibt es in Psychologie oder neuerer Hirnforschung genügend Beweise.

Das subjektive Gefühl, man sei der einzige und allerschlimmste Mensch auf der Welt, der solche Gedanken und Einfälle hat, steigert die Ausweglosigkeit. »Wer so etwas denkt, hat den Tod verdient – im Iran wäre ich schon längst wegen Gotteslästerung hingerichtet worden –, ich bin schlimmer als Hitler oder ein anderer Massenmörder.« So oder so ähnlich erfolgt die verheerende subjektive Selbstbewertung der Zwangsgedanken.

Das Unaussprechliche darf nicht ausgesprochen werden, auch nicht in der Therapie, sagt das Tabu. Mein erster Therapeut drohte mit dem sofortigen Abbruch der Therapie, wenn ich nicht endlich die Gedanken ausspreche. Auch die engsten Familienmitglieder standen hilflos meinem streng gehüteten Geheimnis gegenüber, weil sie nichts von dem Tabu wussten. Die panische Angst vor der späteren, unweigerlich folgenden Strafe durch ewige Verdammung in der Hölle verhindert Äußerungen über die Zwangsgedanken.

In dieser äußersten Notsituation liegt nichts näher als der vergebliche Versuch, die Zwangsgedanken irgendwie in den Griff zu bekommen oder in Schach zu halten. Der Versuch der Vermeidung ist mit stärkster innerer Spannung verbunden. Wie kann man einen Gedanken, den man ja bei sich selbst nicht zulassen kann, vermeiden oder ungeschehen machen? Man wird erfinderisch im Vermeiden, zum Beispiel durch Neutralisieren oder einer Zwangshandlung.

Aus panischer Angst vor dem Gedanken »Gott sei verflucht« muss die innere Abwehr, die es anscheinend mit dem armen Ich gut meint, zwanghaft ständig denken: »Gott sei nicht verflucht.« Der Zusatz durch das Wort »nicht« kommt zu Hilfe. Dann muss man dauernd denken: »zur Hölle mit Gott nicht«. Kann man den Gedanken »Gott sei verflucht« nicht mehr durch das Wort »nicht« neutralisieren, hilft eine magische Zwangshandlung, also zum Beispiel: »Gott ist verflucht, außer ich berühre sofort den Tisch.« Das Vermeidungssystem wird schließlich selbst zu einem Terrorsystem. Da unser Denken in Assoziationen verläuft, kann ein einfacher Schöpflöffel in der Küche plötzlich dazu führen, dass Angst entsteht, etwas gegen den Schöpfer der Welt denken zu müssen.

Sowohl neue Einfälle als auch neue Abwehrstrategien wuchern wie Krebs und beherrschen das Denken. Je mehr ich versuche, den Zwangsgedanken durch Abwehr zu vermeiden, desto mehr überlistet der Gedanke meine Abwehr immer wieder. Um das Wort »Kreuz« zu vermeiden, kann ich zwar sagen, dass ich Rückenschmerzen habe, aber ich kann aus einer Kreuzfahrt keine Rückenfahrt machen. Auch bei dem urplötzlich aus heiterem Himmel einschießenden Gedanken beim Anblick von Pilzen zu denken, dass Gott keinen Pfifferling wert ist, ist die Abwehr schwierig. Der

Gedanke: »Gott ist doch einen Pfifferling wert«, bringt nicht viel. Als Abwehr muss ich also irgendeine Zwangshandlung erfinden.

Dem Einfallsreichtum der Gedanken sind keinerlei Grenzen gesetzt. Vermeidung und Abwehr kommen kaum noch nach. Wenn aus Tomatensaft plötzlich das Blut Christi wird, das man nicht beleidigen darf, wechselt man zu Apfelsaft. Ein Stück weggeworfener Kaugummi wird zu einer Hostie, auf die man nicht treten darf.

Was soll die Abwehr tun, wenn beim Anblick einer schönen Orgel mit Lichtgeschwindigkeit der Gedanke »Gott ist doch die größte Pfeife von all diesen Orgelpfeifen« überfallartig kommt? Kaum ist man mit viel Mühe allen Kirchen und Kreuzen aus dem Weg gegangen, sitzt man in Bayern in einer Wirtschaft direkt unter einem Kreuz, und der Titel des letzten Wildwestfilms »Hängt ihn höher« oder das Schild in der Metzgerei nebenan mit der Aufschrift »Fleisch, gut abgehangen« schießt wie ein Blitz durch den Kopf. Wie kann man der Musik aus dem Film »Verdammt in alle Ewigkeit« entgehen, wenn sie im Radio kommt? Oder die Panik, beim Filmtitel »Fahr zur Hölle, Liebling« das letzte Wort durch »Gott« ersetzen zu müssen? Der an sich richtige und hilfreiche Satz »Es ist nur ein Gedanke« verfehlt seine Wirkung, denn für die vernichtende Selbstbewertung der Zwangsgedanken ist es ein himmelweiter Unterschied, ob zum Beispiel »Der Baum ist grün« oder »Gott sei verflucht« gedacht wird.

1943 geboren, in den katholischen Glauben hineingewachsen, kam ich schon früh als Kind in eine krank machende kirchliche Moral, zum Beispiel durch den sogenannten Beichtspiegel, der zu einem Leitfaden für die Verdrängung negativer Gefühle oder Gedanken werden kann. Die kirchliche Konstruktion der Gedankensünde – als Kind musste man zum Beispiel beichten, ob man Unkeusches gedacht hatte – bewirkte eine ungeheure Bemühung, Unbewusstes zurückzudrängen und die Tendenz zur Abspaltung; ein guter Nährboden für Zwangsgedanken. Dazu kamen Begriffe wie »Hölle« oder »ewige Verdammnis«, die sich bis heute in mir festkrallen. Diese Begriffe verbanden sich mit der Aussage von einem liebenden Gott, eine Ambivalenz, wie sie stärker nicht sein kann. Wenn dann noch der Begriff der Ewigkeit negativ besetzt wird, kann die Panik nicht größer sein. Eine Sekte verteilte ein Blättchen, in dem die Ewigkeit mit Zeitbegriffen verbunden war. Das bedeutete dann für jeden weiteren Verfluchungsimpuls mindestens eine Milliarde Jahre mehr an Verdammung mit allen dazugehörigen mittelalterlichen Vorstellungen. Auf die Frage, wie lange die Ewigkeit dauert, antwortet ein Rabbi: Alle tausend Jahre wetzt ein Vogel seinen Schnabel am höchsten Berg. Wenn der ganze Berg abgetragen ist, dann ist eine Sekunde der Ewigkeit vorbei. Wenn man denkt, wie lange schon eine Sekunde beim Zahnarzt sein kann, müsste man auf der Stelle verrückt vor Panik werden bei dem Gedanken an die Ewigkeit. Ich beneide jeden, der über solche Gedanken lächeln muss.

Mein erster Psychotherapeut war zugleich katholischer Priester und Analytiker. Einerseits hatte er Verständnis und Wissen über Zwänge, andererseits beichtete ich bei ihm die blasphemischen Gedanken. Es endete dann in einem Exorzismus – von dem er sich später distanzierte –, der mir die endgültige Gewissheit gab, nun vom Teufel besessen zu sein. Die Beichte von religiösen Zwangsgedanken ist aber trotz Absolution und kurzfristiger Erleichterung deshalb kontraindiziert, weil der zur Beichte gehörende Vorsatz, etwas nicht mehr zu tun, bei Zwangsgedanken unmöglich ist. Immer wieder wird, einem Schluckauf im Gehirn vergleichbar, eine Neuschöpfung produziert oder eine raffinierte Falle gestellt, zum Beispiel der Gedanke: »Ich will verdammt sein, wenn ich nicht verdammt bin.« Wie komme ich aus dieser Zwickmühle heraus?

Beruflich war ich viele Jahre als Sozialarbeiter tätig. Von den Klienten oder Patienten her gesehen war ich ein einfühlsamer und verständnisvoller Gesprächspartner. Makaber aber war es dann, wenn ich in meiner Tätigkeit beim Sozialdienst eines großen psychiatrischen Krankenhauses das Pech hatte, einer Patientin gegenüberzusitzen, die um den Hals einen Anhänger mit einem Kreuz trug. Unter innerer Hochspannung und Weglauftendenz nahm ich Anteil an ihrer Leidensgeschichte und gleichzeitig rotierte wie wild geworden der Abwehrgedanke: »Das Kreuz ist nicht verflucht.«

Hilfreicher als eine Psychoanalyse, der ich mich unterzog, war für mich eine umfangreiche Verhaltenstherapie. Im Lauf vieler Jahre hatte ich neben einer längeren Psychoanalyse und tiefenpsychologischer Einzeltherapie umfangreiche und längere Erfahrungen mit der Verhaltenstherapie, sowohl in Einzel- und Gruppensitzungen als auch durch einen stationären Aufenthalt in einer psychosomatischen Klinik.

Die Verhaltenstherapie will, dass Gedanken und Impulse zugelassen und nicht vermieden werden. Aber würde dadurch nicht der biblische Tatbestand der Lästerung Gottes erfüllt sein?

Zu meinen Aufgaben in der Verhaltenstherapie gehörte es, alle Verfluchungsgedanken und Einfälle aufzuschreiben und vorzulesen oder diese in einer Kirche oder vor einem Kreuz auszusprechen, sie aufzunehmen und immer wieder abzuhören. Der Anblick des Gemäldes »Höllensturz der Verdammten« gehörte ebenso dazu. Auch nach dem Aufschreiben und Aussprechen der religiösen Zwangsgedanken versuchte ich immer noch, mich mühsam davon innerlich zu distanzieren, indem ich sozusagen alles wie eine Hausaufgabe hinter mich brachte. Beim Abhören der Kassette mit den Verfluchungen empfand ich eine Abspaltung und meine Stimme kam mir wie die eines Fremden vor.

Der Versuch, in der Bibel Trost zu finden, ging leider völlig daneben, da ich mit zuverlässiger Sicherheit Stellen fand, die mich erneut mit Panik erfüllten, zum Beispiel »Wer glaubt, wird gerettet werden; wer nicht glaubt, wird verdammt werden« oder: »Fürchtet nicht die Menschen, sondern den, der in die Hölle zu werfen vermag.«

Als die wohl hinterhältigste Falle wurde für mich die Stelle, an der es heißt: »Wer den heiligen Geist lästert, dem wird nicht vergeben.«

»Welcher Teufel hat Sie denn geritten, dass Sie gerade diese Stelle gefunden haben?«, fragte mich ein Seelsorger. Diese Stelle, die selbst von Theologen teils nicht verstanden oder verschieden ausgelegt werden kann, führte bei mir dazu, dass ich in absolute Panik verfiel, diese angeblich nicht vergebbare Sünde wider den heiligen Geist zu begehen. Ich mied oder umschrieb sofort das Wort Geist. Ein Geistlicher wurde zum Seelsorger umbenannt,

Himbeergeist in Himbeerschnaps, und wenn die Handwerksfirma mit dem Namen »Geist« vorbeifuhr, musste ich wegsehen. Beim Anblick von Tauben als Symbol des heiligen Geistes geriet ich besonders in Panik, den Geist zu lästern. Außer den Tauben wurden dann auch andere Vögel in den Abwehrterror einbezogen, zum Beispiel schwarze Vögel, die man an vielen Glasflächen sehen kann. Ich war kurz davor, meinen Lieblingssport Schwimmen einzustellen, weil im Hallenbad auch diese schwarzen Vögel an den Scheiben waren. Dann flog ein kleiner Vogel an meine Fensterscheibe im Büro. Jetzt war der Punkt erreicht, wo ich mich auf die Verhaltenstherapie besann. Ich besorgte mir im Schreibwarengeschäft mehrere große Vögel und klebte sie trotz Panik an mein Bürofenster und ging wieder schwimmen. Abwehr und Vermeidung bewirken zwar eine kurzfristige Beruhigung, aber sie sind zusammen mit der extremen Selbstbeurteilung und Selbstverurteilung das größere Problem als die Gedanken und Impulse. Aus Gedanken, wie sie anderen Menschen täglich auch durch den Kopf schießen, werden Zwangsgedanken. »Die seelischen Kräfte verzehren sich im Zwiespalt, sie sind gebunden in einem unentschiedenen Stellungskrieg mit eingefrorenen Fronten.«

Bibelstellen nehme ich seither möglichst nicht wörtlich oder reiße sie aus geschichtlichen Zusammenhängen. Sonst müsste ich zum Beispiel meinen Hund ins Tierheim geben, weil irgendwo steht: »Hütet euch vor den Hunden.« Und selbst eine Bischöfin ist dann nicht bibelfest, wenn sie die Stelle bei Paulus missachtet, wo es heißt: »Das Weib schweige in der Gemeinde.«

Warum muss ich etwas denken, was ich vom Bewusstsein her absolut nicht denken will? Ist es Schuld oder ist es Nichtschuld? Diese Fragen beschäftigen mich ebenso wie die Aussage eines Therapeuten: »Was man denkt, will im Grunde im Unbewussten gedacht werden.« Empört wird diese Aussage zurückgewiesen, weil man sich total unverstanden fühlt. Man will ja auf gar keinen Fall diese Zwangsgedanken denken, weder bewusst noch durch ein unterbewusstes »Es« im Sinne von Freud.

Persönlich fand ich für mich eine Antwort durch mehrere sehr gute Gespräche mit einem logisch denkenden Pfarrer und Pädagogen, vor allem aber durch das Buch des Analytikers Tilmann

Moser mit dem Titel »Gottesvergiftung«. Ein Kernsatz darin lautet: »Ich kann niemanden lieben, vor dem ich zugleich Angst habe.« Das ist zwischenmenschlich nicht möglich und auch nicht im Verhältnis zu Gott. Tilmann Moser beschreibt aufrüttelnd, wie er viele Jahre unter einem katastrophal negativen und geradezu vernichtenden Gottesbild, das ihm vermittelt wurde, litt. Hat man so ein Gottesbild, das mit so unglaublich entsetzlichen Strafen wie Hölle und ewige Verdammung verbunden ist, wäre es doch nur logisch, zur Rettung seiner selbst und seiner Menschenwürde dagegen mit aller Macht zu rebellieren. Wenn überhaupt, so will man doch einen guten Gott und keinen Angstgott.

Um aus dem ganzen Schlamassel herauszukommen, war für mich die nachvollziehbare Lösungsmöglichkeit, das in der Seele entstandene, biografische und absolut negative Gottesbild unbedingt zu trennen von einem hoffentlich existierenden wirklichen Gott der Liebe.

Mein Outing und Bruch des Tabus wären ohne diese Trennung nicht möglich gewesen. Bei meinen Schwierigkeiten, vertrauensvoll an einen guten und liebenden Gott zu glauben, tröstete ich mich manchmal mit dem Satz eines verständnisvollen Pfarrers und Gesprächspartners: »Gott ist sicher nicht dümmer als ein guter Psychotherapeut und hat mindestens denselben Wissensstand, was religiöse Zwangsgedanken anbetrifft.«

2. Was sind religiös-moralische Zwänge?

Für Martin Luther war die Auseinandersetzung mit seinem christlichen Glauben mehr als ein Dozentenjob an der Universität. In dem berühmten Turmzimmererlebnis im Jahre 1513 erkannte Luther in den Worten des Apostels Paulus den Schlüssel zur Bewältigung seiner eigenen religiösen Zwänge: Gott schenkt uns seine Liebe und seine Vergebung aus Gnade und wir bekommen sie als ein Geschenk von Geburt an. Wir müssen uns die Liebe Gottes nicht verdienen.

Diese Kernaussage der Theologie von Luther wurde stets als Kampfansage gegen den damals üblichen Ablasshandel verstanden. Sicher diente sie Luther auch als Mittel zur Überwindung seiner eigenen Ängste und Zwänge: Mit der Hilfe von religiösen Neutralisierungen hatte Luther zuvor lange vergeblich versucht, seine Angst vor Gott zu bekämpfen, bis er erkannte, dass seine zwanghaften Handlungen seine Angst vor Gott immer weiter steigerten und dass wir mit Gott keinen Handel abschließen können. Die erlösende Botschaft ist: Ein Handel mit Gott ist nicht nötig, denn wenn wir Paulus folgen, ist die Gnade Gottes ein Geschenk, das uns sicher ist.

Klinische Definition: Religiöse Zwangsgedanken bewegen sich thematisch um ein schlimmes Fehlverhalten gegenüber Gott, zum Beispiel Todsünden oder Gotteslästerung zu begehen. Religiöse Zwänge sind stets mit einer negativen Form der Anspannung verbunden. Dabei handelt es sich vorwiegend um ein Gefühl der Schuld und der Angst vor ewiger Verdammnis, vor dem Fegefeuer oder der Hölle. Religiöse Zwangshandlungen dienen dazu, negative Anspannungen wie Angst und Schuldgefühle zu neutralisieren. Bei offen gezeigten Zwangshandlungen bemühen sich die Betroffenen um Anpassung, sie sind daher von den Ritualen der religiösen Gemeinschaft äußerlich kaum unterscheidbar.

Religiöse Zwänge zeichnen sich im Unterschied zu einfachen religiösen Handlungen durch einen Exzess in Bezug auf Umfang und Dauer aus. Zwangsgedanken und Zwangshandlungen werden in der Regel jenseits der Öffentlichkeit und jenseits der religiösen Gemeinschaft, der die Betroffenen angehören, ausgeführt. Die mit der Krankheitsentwicklung einhergehende soziale Isolation führt zu einer zunehmenden schleichenden Entkopplung der zwanghaften Maßstäbe im Vergleich zu den Maßstäben der religiösen Gemeinschaft, die sich in Werten, Zielsetzungen, Bräuchen, Gebeten, Tabus und Ritualen ausdrücken.

Die schleichende Entwicklung der Zwänge zum Exzess steht in Wechselwirkung mit einer um Anpassung bemühten Grundpersönlichkeit der Betroffenen. Zwangsgedanken und Zwangshandlungen werden von den Betroffenen als Produkt des eigenen Verstandes erkannt, was Zwänge von schizophrenen Psychosen, Wahnvorstellungen oder drogeninduzierten Durchgangssyndromen deutlich unterscheidet.

Das rationale Bewusstsein, dass man von den Maßstäben der religiösen Gemeinschaft abweicht, fördert die Isolation und der volle Umfang der Zwangsgedanken und Zwangshandlungen wird gegenüber den Mitmenschen und Gemeindemitgliedern verborgen. Im Gegensatz zu diesem rationalen Bewusstsein der eigenen Abweichung bestehen bei den Betroffenen ein intensives Gefühl von Angst und Schuld und ein zwanghaftes Gefühl, dass die neutralisierenden religiösen Zwangshandlungen richtig seien.

Pierre Janet, einer der Wegbereiter der modernen Psychotherapie, bezeichnete die Zwangsstörung als die Krankheit des Zweifelns, was dem Grundsatz »Glauben heißt Vertrauen« widerspricht. Sich selbst nicht zu vertrauen, ist das Kernproblem der Zwangsstörung.

Besonders häufig treten religiöse Zwänge in Einheit mit moralischen, magischen und sexuellen Zwängen auf. Hierbei geht es meist um die Frage, was ein moralisch oder auch sexuell richtiges oder falsches Verhalten ist.

Darüber hinaus verbinden sich religiöse Zwänge mit jeder anderen Art von Zwangserkrankungen, die ich im 5. Kapitel (Vielfalt der Zwänge) beschreiben werde. Ein weiteres typisches Erkennungsmerkmal, das einen Zwang von tiefer Spiritualität und Frömmigkeit unterscheidet, ist neben dem bereits erwähnten Exzess im Verhalten, dass sie häufig gemeinsam mit anderen seelischen Störungen wie zum Beispiel Depression und Panik vorkommen.

Was ist eine Lästerung Gottes?

von Hartmut Becks

Unbestritten ist im Kontext des Alten Testaments eine Lästerung Gottes, vor allem die Verfluchung oder Unbilligmachung des Gottesnamens, eine schwerwiegende und mit der Todesstrafe belegte Tat: »Wer des Herrn Namen lästert, der soll des Todes sterben; die ganze Gemeinde soll ihn steinigen. Ob Fremdling oder Einheimischer, wer den Namen lästert, soll sterben.« (Lev 24,16) Der Gottesname selbst (Jahwe) galt als unantastbar und heilig, von daher formuliert der Dekalog: »Du sollst den Namen des Herrn, deines Gottes, nicht missbrauchen; denn der Herr wird den nicht ungestraft lassen, der seinen Namen missbraucht!« (Ex 20,7)

Davon ausgehend entsteht später die Vorstellung, dass Gott selbst die scheinbar ungeahndeten Lästerungen erkennt und am Ende der Tage bestraft: » [...] dass sie lebendig hinunter zu den Toten fahren, so werdet ihr erkennen, dass diese Leute den Herrn gelästert haben.« (Num 16,30) All diese Entwicklungen lösen schon früh in der religiösen Praxis Israels eine gewisse Ängstlichkeit und psychologische Verunsicherung aus, die dazu führt, den Gottesnamen am besten gar nicht auszusprechen, um sich so ehrfurchtsvoll von jeder Schuld fernzuhalten. Diese äußere Gesetzlichkeit führt dann zu einer innerseelischen Verschärfung des Blasphemieverbotes, die den Einzelnen sehr unter Druck setzen kann.

Dabei sind die eigentlichen Ursprünge und Ursachen des Verunglimpfungsgebotes nicht theologischer, sondern eher soziologischer und sozialgeschichtlicher Natur. Denn die umgebenden Völker Israels glaubten an viele Götter (Polytheismus) und so war es für die Volksgemeinschaft von existenzieller Bedeutung, den Eingottglauben (Monotheismus) als geschichtlichen und identitätsstiftenden Faktor zu schützen und zu verteidigen. Seit dem Auszug aus Ägypten verdankte Israel seine Existenz der Führung durch Jahwe: »Denn ich will sie in das Land bringen, das ich ihren Vätern zu geben geschworen habe, darin Milch und Honig fließt. Und wenn sie essen und satt und fett werden, so werden sie sich zu anderen Göttern wenden und ihnen dienen, mich aber lästern und meinen Bund brechen.« (Deut 31,20) Gotteslästerung in Israel bedeutet darum vor allem, die Existenz und die Herkunft des eigenen Volkes zu vergessen.

Theologisch ist die Frage wesentlich differenzierter zu betrachten: Wie könnte denn ein nicht vermenschlicht gedachter Gott, von dem man sich kein »Bildnis oder irgendein Gleichnis« machen soll, »beleidigt« oder gar »verärgert« sein? Wie könnte ein Gott, der eher einem sich nicht verzehrenden Feuer gleicht, wie könnte so eine Kraft gekränkt oder sogar menschlich erbost sein über die Gedanken oder Worte eines kleinen Menschen? Würde nicht gerade das die Vorstellung Jahwes konterkarieren? Würden wir damit nicht gerade Gott auf unsere Ebene herabsetzen und damit sein Wesen grandios verfehlen? Für den, der »in unser Herz schaut und all unsere Gedanken kennt« (Ps 139), schon längst bevor wir sie denken, kann doch eine Lästerung keinen Zorn auslösen wie bei einem schwachen Menschen. Schon der Psalmist stößt hier an Grenzen: »Warum soll der Gottlose Gott lästern? Und in seinem Herzen sprechen: Du fragst doch nicht danach? Du siehst es doch, denn du schaust das Elend und den Jammer; es steht in deinen Händen!« (Ps 10,13+14) Die Weisheit des Alten Testaments erkennt, dass Gott niemals ein Integral unserer menschlichen Mechanismen sein kann. Gott ist nicht Teil unserer psychischen Kommunikationsstrukturen und reagiert nach vertrauten »TUN-ERGEHEN-Zusammenhängen«. Wir Menschen glauben, dass unsere Handlungen und auch guten Taten eine Auswirkung auf gelingendes Leben haben müssten, aber unsre eigene Lebenserfahrung lehrt uns, dass dies oft so nicht zutrifft. Gottes Gerechtigkeit aber steht über all unseren menschlichen Kalkulationen und Einschätzungen und kann nicht verrechnet werden. Natürlich neigt der Mensch dazu, seine Befürchtungen und Ängste, natürlich auch seine Hoffnungen und Wünsche in ein nachvollziehbares Korrespondenzverhältnis zu Gott zu setzen. Aber spätestens im Buch Hiob wird klar, dass diese einfache Logik das Wesen des biblischen Gottes nicht trifft. Ein »Gotteshandel«, wie noch Abraham ihn mit Gott versucht, widersetzt sich immer klarer der Wirklichkeit Gottes selbst, die sich einer projizierten Vermenschlichung entzieht.

Selbst das Gebet eines Gläubigen als Kommunikationsprozess unterscheidet sich doch gerade darin vom gewöhnlichen menschlichen Dialog, indem es die Dimension des Rationalen überschreitet und gerade darum weiterführt. Eine vermenschlichte Gottesvorstellung verschärft somit die falsche Befürchtung, Gott selbst könnte mit Zorn und Strafe auf bestimmte Gedanken und Äußerungen von Menschen reagieren. Aber in Wahrheit schaut Gott längst in mein »Herz und kennt mich und weiß, wie ich's meine. Und sieht, ob ich auf bösem Wege bin und führt mich auf ewigen Weg.« (Ps 139,23)

Und darum ist es im Neuen Testament von Anfang an Jesus selbst, der sich über ein verengtes und angstmachendes Gottesbild hinwegsetzt und erstaunlich frei und völlig bedenkenlos agiert. Es ist kein Zufall, dass die Pharisäer ihn darum schon bei ersten Heilungen als Gotteslästerer bezeichnen. Immer wieder tut Jesus nach Auffassung der religiösen Gesetzmäßigkeiten Verbotenes: Er hilft Menschen am Sabbat, er verkehrt mit Sündern etc. Und immer wieder die gleiche Frage: Warum setzt er sich über all das hinweg? Hat er denn keine Angst vor Gottes Strafe? Nein, weil Jesus dieses Bild von Gott gar nicht hat und auch nicht vermittelt. Für ihn ist völlig selbstverständlich, dass Gott nicht an einzelnen Redewendungen, Formulierungen, Aussagen, Regelverletzungen, Pflichtverstößen Interesse hat. Denn er sieht den ganzen Menschen und kennt ihn längst so, wie er ist. Es gibt für Jesus ganz offensichtlich keinen Grund, sich Gott als einen gestrengen und harten Richter vorzustellen, der all unsere Fehler am Ende mit Strafen versieht. Weil Gott weit über unseren kleinen menschlichen Ängsten, Gedanken, Sorgen und Zweifeln ist, kennt er uns, versteht unsere

Nöte und ist barmherzig. Er kennt sogar den Zwang, uns immer wieder zu rechtfertigen, oder sogar den Zwang, Gott immer wieder zu beschuldigen oder zu lästern. Das sind alles Seiten unserer menschlichen Zerrissenheit (Sünde), die Gott längst kennt. Darum sagt Jesus auch in der so bekannten Stelle: »Alle Sünden werden den Menschenkindern vergeben, auch die Lästerungen, wie viele sie auch lästern mögen; wer aber den heiligen Geist lästert, der hat keine Vergebung in Ewigkeit.« (Mk 3,29) Jesus warnt ja an dieser Stelle die Schriftgelehrten davor, Gott in ihre Verbotskonstrukte einzubeziehen. Er sagt ihnen: Wer Gott aber vermenschlicht, ihn alleine auf die Rolle eines strengen Vaters oder harten Richters festlegt und ihn nicht als heiligen Geist und Liebe erkennt, als unsichtbar und unfassbar, als unfestlegbar und erhaben, der ist auf einem falschen Weg.

Für unseren hier zu erörternden Zusammenhang bedeutet dies also, dass im Grunde jede Form von Lästerung, Beleidigung oder Verurteilung Gottes ein Teil unserer menschlichen Kommunikations- und Gefühlswelt bleibt. Lästerungen – wie auch immer sie geartet und an wen auch immer sie gerichtet sein mögen – beleidigen in erster Linie Menschen. Gott selbst ist »heiliger Geist«, ist diesem Mechanismus darum enthoben. Er »versteht« und »kennt« unsere Gedanken »von Ferne«. ABER: Er geht nicht mit darin auf. Insofern ist es echt besser, wie Don Camillo vor Gott zu treten und ihm alles Mögliche an den Kopf zu werfen in der tiefsten Gewissheit und dem unerschütterlichen Vertrauen, dass Gott nur milde lächelt und mitteilt: »Was ist nun wieder los?« Vielleicht ist Gott sogar die große Möglichkeit für uns zerrissene Menschen, ihm all unsere Wut, unser Unverständnis und auch unsere Aggression vor die Füße zu werfen, weil er damit etwas anfangen kann. Insofern sind wahrscheinlich gerade unsere Lästerungen bei Gott »gut aufgehoben«.

Was ist eine zwanghafte Rückversicherung?

Klinische Definition: Ich nenne es eine zwanghafte Rückversicherung, wenn außenstehende Menschen den Betroffenen Gewissheit darüber vermitteln, dass bestimmte Katastrophen nicht eintreten. Das Urteil über Risiken wird an diese außenstehenden Personen abgegeben, das eigene Übernehmen von Verantwortung wird vermieden.

Das heißt, Angehörige vermitteln den Betroffenen eine kurzfristige Gewissheit, dass zum Beispiel die Tür der Wohnung auch abgeschlossen war oder das Elektrogerät auch wirklich ausgeschaltet ist. Neben Angehörigen werden Experten um Rückversicherung gebeten, zum Beispiel Ärzte bei gesundheitlichen Fragen und Juristen bei rechtlichen Fragen.

Bei religiösen Themen werden Pfarrer von den Betroffenen um professionelle Rückversicherungen gebeten. Die inhaltlichen Aussagen von Rückversicherungspartnern stehen im Hintergrund zugunsten der Vermeidung von Verantwortung.

Das Phänomen »Rückversicherung« ist besonders bedeutsam bei Kontrollzwängen. Rückversicherung kommt aber auch bei anderen Zwängen vor, besonders bei religiös-moralischen Zwängen. Die Rückversicherung stellt eine eigene Form von Zwangshandlung dar, die das Ziel hat, negative Anspannung wie Unsicherheit, Angst, Scham und Schuld zu neutralisieren. In Medien, Therapielehrbüchern und in einschlägigen Diagnosemanualen, wie ICD 10 / ICD 11 oder DSM IV / DSM V, bleibt die Rückversicherung unerwähnt (siehe auch Abschnitt: Internationale diagnostische Standards für Zwangserkrankung im ICD-10).

Jedoch ist es so, dass Zwangsbetroffene bei zunehmender Ausprägung ihrer Zwänge den Wunsch nach einem Rückversicherungspartner haben. Bei Kontrollzwängen im eigenen Haushalt, wo Elektrogeräte, Türschlösser, chemische Haushaltsreiniger im Fokus zwanghafter Kontrollen stehen, sind es meistens nahe Verwandte oder Ehepartner, die als feste Rückversicherungspartner um Gewissheit darüber gebeten werden, ob auch alle Gefahrenquellen beseitigt sind. Die Beruhigung durch die Rückversicherung hält immer nur kurz an, wobei der Angehörige bei nächster Gelegenheit zu immer wieder neuen Rückversicherungen genötigt wird. Zunächst behaupten die Betroffenen, dass es ihnen guttue oder sogar dass es dringend erforderlich sei, dass sie Rückversicherungen erhalten. Ich habe schon vielfach beobachtet, dass Zwangsbetroffene ihre Angehörigen, Freunde und Kollegen in ein zwanghaftes Netzwerk aus Ritualen, Vermeidung und Rückversicherungen eingesponnen haben.

Bei zwanghaften Krankheitsängsten werden Ärzte als Rückversicherungspartner aufgesucht, um immer wieder die gleichen Fragen zu ihren Krankheitsängsten zu beantworten. Psychotherapeuten, die Zwangserkrankungen und Rückversicherungen nicht erkennen, können ebenfalls in das System der Zwänge und Rückversicherungen hineingezogen werden. Für rechtliche Probleme werden Rechtsanwälte immer wieder aufgesucht. Bei religiös-moralischen Zwängen werden Gemeindereferenten, Seelsorger, Pfarrer, Imame und andere religiöse Autoritäten um Rückversicherung gebeten.

Mit zunehmender Krankheitseinsicht verstehen auch die Betroffenen, dass Rückversicherung genauso wie Vermeidung oder Rituale keine Lösung des Zwangsproblems sind, sondern dass diese dem Zwangsgedanken lediglich ein zunehmendes Gewicht verleihen. Daher gehört es für mich zur State of the Art, auch Angehörige und Experten, die bei Rückversicherungen beteiligt sind, in die Therapie einzubinden. Zwangskranke sind sehr darum bemüht, unauffällig und normal zu erscheinen. So konzentriert sich das Phänomen Rückversicherung auf nächste vertraute Angehörige, die in die Zwangsstörung eingeweiht sind. Entgegen der Beteuerung der Betroffenen ist eine Rückversicherung jedoch keine wirkliche Hilfe, sondern führt zu einer fortwährenden Bekräftigung eines Zwangssystems, weil es in einer zwanghaften Rückversicherung nicht wirklich darum geht, dass der zwanghafte Fragesteller eine inhaltliche Antwort auf seine Frage bekommt, sondern darum, dass der Gefragte die Verantwortung für ein Problem übernimmt, die der Zwangskranke nicht selbst übernehmen möchte. So kann ein Arzt als Rückversicherer nicht die völlige Verantwortung für die Gesundheit des Fragestellers tragen. Bei rauchenden Patienten zum Beispiel ist der Arzt machtlos.

Genauso kann auch ein Seelsorger nur einen Teil der Verantwortung für das Seelenheil eines Gläubigen übernehmen, indem er Hilfe bei der Pflege der Traditionen und der Deutung der heiligen Schrift anbietet. Für die Führung eines gottgefälligen Lebens ist jeder Gläubige zum größten Teile selbst verantwortlich. Mut zu Verantwortung und zu guten Entscheidungen stärkt das Selbstwertgefühl. Das Abwälzen von Verantwortung und das Einholen von Rückversicherungen stärken das Zwangssystem. Erwiesenermaßen verbessert der Ausstieg der Rückversicherungspartner aus dem Zwangssystem die Prognose der Betroffenen.[1]

Dass Rückversicherungen keine wirkliche Hilfe für den Betroffenen sind, sondern das Elend des Zwanges ausschließlich verstärken, wird in der Regel von Angehörigen und Experten über lange Zeit vor einer Therapie nicht erkannt. Während der Therapie oder in der Seelsorge können Angehörige und andere Rückversicherungspartner auf die notwendige Unterlassung von Rückversicherungen vorbereitet werden. Die Anregung zur Unterbrechung von Rückversicherungen wird von Angehörigen dann meistens mit großer Erleichterung und sehr bereitwillig aufgenommen und umgesetzt.

Eine junge Verwaltungsbeamtin (29) wurde mir von einem Nervenarzt überwiesen. Ein Kollege, mit dem sich die junge Frau in ihrer Behörde jahrelang das Büro teilte, sei überraschend im Alter von 48 Jahren an einem Herzinfarkt gestorben. Danach habe der Amtsleiter die junge Frau zum Nervenarzt geschickt, weil sie seit dem plötzlichen Todesfall unter einer auffallenden Minderung ihrer Leistung litt. Die zu bearbeitenden Akten türmten sich auf ihrem Schreibtisch bei gleichbleibender Arbeitsanforderung. Die junge Frau sei bei ihren Kollegen beliebt und genieße Anerkennung durch ihre Vorgesetzten, weil sie ihre Aufgaben bis zu dem Zeitpunkt des Todesfalls stets pünktlich und fehlerfrei erledigt hatte.

Der Nervenarzt, der die junge Frau zu mir weiterverwies, ver-

mutete, dass der plötzliche Todesfall bei der jungen Frau eine Depression im Sinne einer krankhaften Trauerreaktion ausgelöst habe. In Wirklichkeit war die junge Frau in meiner Behandlung überhaupt nicht depressiv. Vielmehr wurde deutlich, dass sie die zu bearbeitenden Akten zwanghaft auf ihre korrekte Bearbeitung überprüft hatte. Der verstorbene Kollege, mit dem sie das Büro teilte, war eine der wenigen Personen, die in ihre Zwänge eingeweiht waren. Wenn die junge Frau eine Akte fertig abgearbeitet hatte, sagte der Kollege, ohne in die Akte zu schauen, dass diese nun **richtig** *sei. Die junge Frau hatte mit ihrem verstorbenen Kollegen vereinbart, dass er zum Zeichen des Abschlusses seine Hand auf die abgeschlossene Akte legte. Das reichte für sie aus, um den Verwaltungsvorgang zu beenden. Die junge Verwaltungsbeamtin war durch die Rückversicherungen des verstorbenen Kollegen in der Bearbeitung der Akten nicht nur gründlich, sondern auch schnell genug. Mit dem Wegfall des Rückversicherungspartners war es der jungen Frau nun nicht mehr möglich, ihre Arbeit in einem angemessenen Tempo fortzusetzen.*

Über kurz oder lang bemerken auch die Experten, die um Rückversicherung gebeten werden, dass selbst die beste Expertise des jeweiligen Fachgebiets keine echte Hilfe für die Verunsicherung dieses zwanghaften Menschen ist. Wenn Pfarrer und andere Experten bemerken, dass sie zu Rückversicherungspartnern werden, rate ich dazu, dass sie aus dem Teufelskreis des Zwanges aussteigen und in besonders ausgeprägten Fällen auf professionelle Hilfe durch spezialisierte Seelsorger, Ärzte und Psychologen verweisen. Ein Problem ist momentan jedoch, dass es noch nicht sehr viele erfahrene Experten für Zwangserkrankungen gibt, da dieses Krankheitsbild erst in den letzten zwanzig Jahren in seiner Häufigkeit, seinen Ausprägungen und seinem individuellen Leidensdruck erkannt wurde und damit auch erst dann in der Ausbildung von Psychiatern und Psychologen an Bedeutung gewann. Therapeutische Kollegen, die noch keine Erfahrung mit Zwangserkrankungen haben, werden schnell ebenfalls Opfer der Forderung nach Rückversicherung durch ihre zwanghaften Klienten. Stattdessen sollten Verhaltenstherapeuten ihre Klienten mit Kontrollzwang auch am Arbeitsplatz oder

in der Wohnung aufsuchen, um damit einen maximalen Effekt ihrer Reizkonfrontation – darauf komme ich in Kapitel 9 im Buch noch genauer zu sprechen – zu erzielen. Unerkannte Zwänge oder nicht hinterfragte Rückversicherungen verurteilen die Psychotherapie einer Zwangserkrankung zum Scheitern.

Pfarrern und anderen Experten in seelsorgerischen Berufen kommt bei der Behandlung von Zwängen eine echte Schlüsselrolle zu. Pfarrer sind Respektspersonen, deren Rat ernst genommen wird. Daher kann es von ihnen abhängen, ob ein Betroffener aus dem Labyrinth seiner Zwänge frühzeitig herausfindet und sich professionelle Hilfe sucht.

Herr G. F. aus unserer ersten Fallgeschichte hätte wahrscheinlich eine deutlich günstigere Entwicklung nehmen können, wenn er frühzeitig die richtige Hilfe gefunden hätte. Im Kapitel 10 berichtet ein ehemaliger Klient von mir über die Therapie in meiner Praxis und zeichnet dabei durch seine positive Entwicklung ein deutlich zuversichtlicheres Bild.

Die Doppelte Buchführung – Ich-Dystonie und Ich-Syntonie

In der Psychopathologie unterscheiden wir die Ich-Dystonie von der Ich-Syntonie von Zwängen.

Klinische Definition: Wir sprechen von einer Ich-Dystonie, wenn eine Person ihre Gedanken, Impulse, Emotionen und Handlungen als nicht zu ihrem Ich gehörend und störend erlebt.

Aus Ich-Dystonie entsteht Leidensdruck und der Wunsch einer schnellen Bewältigung. In der ersten und in der sechsten Fallgeschichte dieses Buches lernen wir Beispiele kennen, bei denen die Betroffenen einen sehr plötzlichen Beginn mit erschreckenden, unerwartet einschießenden religiösen Zwangsgedanken schildern. Häufig kann bei solchen ich-dystonen religiösen Zwangsgedanken der genaue Tag und Ort des Auftretens benannt werden.

In vielen Fachbüchern über Zwangserkrankungen finden wir den Hinweis, Zwangserkrankungen seien ich-dyston. Das ist aber nur zu einem gewissen Teil richtig. Sehr viel häufiger finden wir bei Zwangserkrankungen eine langfristige Entwicklung von ich-syntonen Zwängen.

Klinische Definition: Wir sprechen von Ich-Syntonie, wenn eine Person ihre Gedanken, Handlungen und Gefühle als zu ihrem Ich gehörig erlebt.

Als Therapeuten beobachten wir, dass viele Betroffene ihre Zwangsgedanken und Zwangshandlungen, die schon früh eingesetzt haben, nicht als fremd oder störend wahrnehmen, sondern als festen Bestandteil der eigenen Persönlichkeit empfinden. Ich-Syntonie beobachten wir bei Wasch-, Sammel- und Kontrollzwängen und vielen anderen Zwängen, bei denen Betroffene von der Richtigkeit und Tugendhaftigkeit der zwanghaften Vorstellung und der Nützlichkeit und Notwendigkeit der neutralisierenden Zwangshandlung überzeugt sind, obwohl sie wissen, dass Mitmenschen in der Umgebung andere Maßstäbe haben. Dieses Phänomen einer gleichzeitigen Ich-Syntonie und Ich-Dystonie bei Zwängen nenne ich »Doppelte Buchführung«. Kein Mensch mit einem Waschzwang käme auf die Idee, einen Hygieneratgeber zu schreiben, kein Mensch mit einem Kontrollzwang würde eine Sicherheitsfirma gründen, weil beide von der Wirkungslosigkeit ihrer Wasch- und Kontrollzwänge für andere Menschen wissen, dennoch können sie für sich selbst nicht darauf verzichten, weil sie glauben, dass zwanghaftes Waschen und Kontrollieren für sie selbst notwendig ist.

Eine doppelte Buchführung haben wir nicht bei wahnhaften Störungen, wie einer Schizophrenie beziehungsweise einer paranoid halluzinatorischen Psychose. Hier sind die Betroffenen von der Realität ihrer optischen oder akustischen Halluzination voll und ganz überzeugt. Die Doppelte Buchführung ist ein Merkmal, das helfen kann, eine Zwangsstörung von einer Schizophrenie zu unterscheiden.

Kein Mensch nimmt sich vor, absichtlich eine Zwangsstörung zu entwickeln, genauso wie niemand süchtig werden möchte. Bei typischen Suchtmitteln wie Alkohol, Nikotin und Drogen werden wir hinreichend von Eltern, Seelsorgern und Lehrern vor den Gefahren gewarnt. Sauberkeit, Sicherheit, Ordnung, Frömmigkeit etc. werden jedoch von diesen Personengruppen stets als Tugenden gelobt. Werden diese Tugenden in übertriebener Weise ausgeführt und ist damit dann eine Reduktion von Ängsten verbunden, so führt dies zu einem Lerneffekt, der eine weitere Quelle für die Ich-Syntonie vieler Zwänge darstellen kann.

Im Fall einer ich-syntonen Zwangserkrankung entstehen der Leidensdruck und die Motivation zur Veränderung erst sehr viel später. In der Regel verwandelt sich die Ich-Syntonie des Zwanges erst dann allmählich in eine Ich-Dystonie, wenn Zwänge das ganze Leben lahmgelegt haben und keine Lebensqualität mehr empfunden wird. Der Verlust der Kontrolle und die stetige Zunahme an Einschränkungen entwickeln sich über viele Jahre oder gar über mehrere Jahrzehnte.

Bei religiös-moralischen Zwangsgedanken mit den Themen Todsünde, Blasphemie und Verdammnis ist in der Regel die Ich-Dystonie, das heißt der Widerspruch zur eigenen Persönlichkeit und zu eigenen Werten, von Beginn an gegeben. Die Betroffenen haben einen unmittelbaren Leidensdruck und den Wunsch, das Problem so schnell wie möglich in den Griff zu bekommen und die Zwangsgedanken zu unterdrücken. Aber es ist auch durchaus möglich und wahrscheinlich, dass diese plötzlichen, zwanghaften Attacken durch ein Übermaß an Stress in der Lebenssituation, durch eine verunsicherte Persönlichkeit oder durch eine bereits vorher schwelende ich-syntone Zwangsstörung um extreme Sauberkeit oder extreme Ordentlichkeit vorbereitet wurden. Ich-Syntonie und Ich-Dystonie finden wir in gemischter Form parallel oder als Abfolge bei Zwangsstörungen.

Woran erkenne ich, dass ich einem Menschen mit einer Zwangserkrankung gegenüberstehe?

Erste Verdachtsmomente können zum Beispiel entstehen, wenn Sie als Ansprechpartner mehrmals hintereinander die gleiche Frage von der gleichen Person gestellt bekommen und sie sich bereits beim ersten Mal viel Mühe mit der Beantwortung dieser Frage gegeben haben (zum Beispiel die Frage: »Durch welche Taten kommen wir in die Hölle?«). Wiegen Sie sich nicht in Sicherheit, wenn der Verdachtskandidat seine Frage abändert und etwas anders formuliert. Zwangserkrankte verbergen ihre extremen Vorstellungen einer Katastrophe (zum Beispiel von der Verdammnis oder der Hölle), die sie von sich abwenden wollen, hinter den immer wieder gleichen unscheinbaren Fragen. Nur aus Gründen der Tarnung, um den zwanghaften Charakter der Frage zu verbergen, wird dieselbe Frage mit wechselnder Wortwahl und mit scheinbar verschiedenen Schwerpunkten immer wieder gestellt. Denn Zwangskranke wissen, dass ihre Zwangsvorstellungen von kaum jemandem geteilt und unterstützt werden. Zwangskranke sind sehr geübt darin, ihre Zwänge zu verharmlosen und zu verbergen.

Rechnen Sie auch damit, dass sich zwangskranke Gesprächspartner für die Rückversicherung, die sie soeben von Ihnen erhalten haben, auch aufrichtig bedanken. Zwangskranke sind ganz überwiegend freundliche Menschen. Darüber hinaus können Zwangskranke durch Freundlichkeit und Dankbarkeit sicherstellen, dass der Experte auch in Zukunft für Rückversicherungsfragen zur Verfügung steht. Aber leider sind Rückversicherungen ebenso wenig eine Hilfe für die Betroffenen wie Schnaps eine Medizin ist. Gerade wenn Menschen mit großem Nachdruck behaupten, dass sie die Antwort auf eine Frage unbedingt benötigen, können Sie davon ausgehen, dass Sie um eine Rückversicherung gebeten werden und dass Ihre Antwort das Zwangssystem verstärkt, anstatt eine dauerhafte Hilfe zu liefern.

Intelligente Betroffene sind in der Regel sehr belesen, daher sollten Sie es als einen Hinweis für das Vorliegen einer Zwangsstörung sehen, wenn die Person sehr viel Detailwissen von dem Thema hat, über das Sie befragt werden. Wenn Sie sich als Experte überfordert fühlen, weil ihr Gegenüber offensichtlich mehr Wissen über die Bibel und andere Glaubensfragen mitbringt als Sie selbst, würde ich mir die Frage stellen: »Hat mein Gesprächspartner dieses große Wissen auch wirklich verstanden? Wenn mein Gesprächspartner so viel weiß, warum fragt er mich denn dann überhaupt? Kann mein Gesprächspartner Sinn und Zusammenhänge in seinem vorgetragenen Wissen erkennen oder habe ich den Eindruck, dass mein Gesprächspartner sich in den Weiten einer Wissenslandschaft verirrt hat?«

Ohne ein gewisses Maß an Krankheitseinsicht und Offenheit durch den Betroffenen ist der sichere Befund einer Zwangsstörung schwierig bis unmöglich. Auch ich und jeder meiner Kollegen, die auf die Behandlung von Zwangserkrankungen spezialisiert sind, benötigen diese Offenheit. Da Zwangsstörungen überwiegend im mentalen, nach außen verborgenen Bereich stattfinden, ist der zweifelsfreie Befund nur durch das gezielte Befragen des Betroffenen möglich. Wenn Sie sich in einem guten Vertrauensverhältnis befinden, können Sie nicht viel falsch machen. Und selbst wenn Sie irrtümlich in der Annahme einer Zwangsstörung auf das falsche Pferd gesetzt haben sollten, wird der Gesprächspartner Ihnen das mit Sicherheit verzeihen, wenn Sie vorher ein Vertrauensverhältnis aufgebaut haben.

Wenn Sie deutlich machen, dass es Ihnen nicht um eine Kränkung geht, sondern dass Ihnen das Wohlergehen Ihres Gesprächspartners am Herzen liegt, werden Sie wohl ohne negative Konsequenz die folgenden drei Fragen stellen dürfen:

- Beschäftigen Sie sich deutlich mehr als andere Menschen mit Fragen der Sicherheit und Kontrolle?
- Waschen Sie sich deutlich häufiger als andere Menschen?
- Haben Sie häufig Gedanken, die sich auf Hölle, Gottes Verdammnis und andere, weltliche Katastrophen beziehen, die Sie durch regelmäßig wiederkehrende, kontrollierende Verhaltensweisen zu neutralisieren versuchen?

Etwa achtzig Prozent der bekannten Zwänge lassen sich durch diese drei Fragen aufdecken. Zwangskranke sind gute Schauspieler, weil sie sich jahrelang darin geübt haben, ihre Zwänge vor ihren Mitmenschen zu verbergen. Wenn Zwangskranke jedoch direkt in dem oben genannten Sinne gefragt werden, überwiegt meistens deren Gewissenhaftigkeit und sie geben eine ehrliche Auskunft. Sollte Ihr Gesprächspartner eine oder alle drei Fragen bestätigen, liegt der Verdacht nahe, dass eine Zwangserkrankung vorliegt. Die Deutsche Gesellschaft Zwangserkrankungen e. V. hilft schnell und unbürokratisch bei der Vermittlung spezialisierter Experten und Einrichtungen, die den Befund absichern und eine zielführende Behandlung anbieten können.

Gerade bei religiösen Inhalten ist es nicht einfach, herauszufinden, ob es sich um einen Menschen handelt, der einfach sehr gläubig ist und der sich bemüht, alles richtig, alles gottgefällig zu tun, oder ob Gedanken und Taten ins Zwanghafte abgleiten. So können bei sehr religiösen Betroffenen religiöse Inhalte zunehmend von zwanghaften Kontrollen gesteuert werden. Zum Beispiel kann die Frage, ob das stille Gebet auch genau richtig ausgeführt wurde, von einer zwanghaften Kontrolle begleitet sein (mentale Zwangshandlung). Diese Kontrolle soll Schuld vermeiden (negative Anspannung) oder eine Katastrophe wie Gottes Verdammnis (Zwangsgedanke) abwenden. Da diese ganze Abfolge rein mental abgewickelt werden kann, können Zeugen den Zwang natürlich gar nicht erkennen, wenn der Betroffene hier nicht Auskunft erteilt.

Betroffene leiden unter dem Mythos, dass sie nicht nur ihre Taten, sondern auch ihre Gedanken kontrollieren müssen. Das allgemeine Schuldbekenntnis (Confiteor) in der katholischen Tradition könnte eine Ursache für dieses Dilemma sein oder dieses zumindest bekräftigen. In der vierten Zeile des allgemeinen Schuldbekenntnisses (aktuelle Fassung) heißt es: »... ich habe gesündigt **in Gedanken**, Worten und Werken ...«

Die wörtliche Auslegung dieser Worte kann sich als ein Stolperstein für therapeutische Bemühungen erweisen. In der Behandlung mit Zwangskranken versuchen Therapeuten diesen Mythos zu entkräften, indem sie darauf hinweisen, dass die perfekte Kontrolle der Gedanken unmöglich ist (siehe Abschnitt »Lila-Eisbär-Paradox«).

Das zweite Argument an dieser Stelle ist, dass aggressive, böse und damit sündige Gedanken noch lange nicht bedeuten, dass ich deren Ausführung auch beabsichtige. Tatsache ist, dass viele Menschen solche Gedanken zumindest zeitweise haben, ohne diese jemals in die Tat umgesetzt zu haben. Meistens geht diese therapeutische Strategie auch auf.

Sünde und Schuld

von Hartmut Becks

Luther hat sich nicht ganz und gar für die Abschaffung der Beichte eingesetzt. Dazu war er wahrscheinlich zu katholisch, vor allem mönchisch geprägt. Im Gegenteil ist zu erkennen, dass er es sogar als »3. Sakrament« in Erwägung zieht. Die Beichte ist aber im Wesentlichen ein seelsorgerliches Gespräch zwischen Christen, das helfen soll, die Gedanken zu klären und mit sich und seiner eigenen

Schuld (natürlich auch vor Gott) ins Reine zu kommen. Das theologische Hauptproblem beim katholischen Beichtverständnis ist nach wie vor der Sündenbegriff. Wenn Sünde als moralisches Vergehen oder inneres Fehlverhalten verstanden wird und damit die Gedanken und Werke des Einzelnen sozusagen immer vor »Gericht« stehen, dann entsteht das Problem der Angst und der ständigen Kontrollierbarkeit. Sünde ist aber im oben beschriebenen Sinne anders zu definieren. Gott schaut längst in mein Herz und kennt mich in meiner ganzen Zerrissenheit. Damit geht es in der Beichte um Klärung für mich selbst, um Offenheit und Freiheit vor Gott. Wenn dieses Instrument der Kirche als psychologischer Machtfaktor gebraucht wird, um Ablassbriefe zu verkaufen oder Wiedergutmachungshandlungen einzufordern, ist natürlich alles pervertiert.

Der Begriff »Sünde« bezeichnet landläufig ein moralisches Fehlverhalten oder eine strafwürdige Gebotsübertretung. »Sünde« wird als Delikt, als persönlicher Verstoß gegen festgeschriebene Normierungen definiert. Dabei ist genau dieses Verständnis aus theologischer Sicht völlig unzureichend und irreführend. Denn tatsächlich handelt es sich hierbei im Wesentlichen um einen Existenzbegriff, also um eine »ontologische Kategorie«. Jeder Mensch ist nach biblischem Verständnis so oder so Sünder, das heißt, es gibt eine innere Zerrissenheit und Trennung von Gott, die auch durch noch so gute Taten oder moralisches Wohlverhalten nicht aufzuheben ist. »Sünde« ist semantisch aus dem Wortstamm »sund« zu erklären und bedeutet so etwas wie »Kluft, Spaltung, unüberwindlicher Graben« (wie beim Gletschersund). Gemeint ist theologisch also die schmerzliche Trennung zwischen Gott und Mensch, die innere Zerrissenheit zwischen »gut und böse, richtig und falsch, gerecht und ungerecht«. Gemeint ist jene menschliche Unruhe, Unstetigkeit, Ausgeliefertheit, die er zum einen selbst verschuldet, der er aber andererseits auch willenlos ausgeliefert ist (= Ursünde, Erbsünde). Zugleich aber auch die diffuse Sehnsucht nach Überwindung dieses Zustandes und der Rückkehr in ein vermeintlich verlorenes Paradies.

Leider wurde der Begriff nun durch verschiedene Umstände religionsgeschichtlich auch mit dem Begriff »Schuld« (von Scula = wol-

len) in eins gesetzt oder verbunden und eben damit wurde suggeriert, dass der Mensch durch bestimmte, ethisch bessere Verhaltensweisen und Normerfüllungen dazu beitragen kann, die Sünde zu bekämpfen oder zumindest abzumildern. Durch »gute Werke«, »gerechte Gaben«, durch »Dotationen oder Devotionalien«, durch »Bußrituale oder Selbstgeißelung« wurde Sündenbekämpfung betrieben. Die Vorstellung einer Entsühnung durch die Abgabe von Opfergaben oder Geld liegt nahe und ist uralt. Allerdings biblisch und vor allem neutestamentlich nicht vertretbar. Denn die Zerrissenheit, die Trennung zwischen Gott und Mensch kann allein nur Gott auflösen und überbrücken. Paulus sagt darum: »Wir sind allzumal Sünder und ermangeln des Ruhmes, den wir bei Gott haben sollten.« (Röm 3,23) » [...] und werden ohne Verdienst gerecht aus seiner Gnade durch die Erlösung, die durch Jesus Christus geschehen ist.« (Röm 3,24)
Alle Taten des Menschen, auch alle noch so guten Wohltaten, bleiben also immer unter dem Verdikt der Sünde. Wir bleiben immer Sünder und Gerechte zugleich. All unser Tun kann nicht die Sünde aufheben, sondern im Gegenteil gilt: Weil Gott selber durch seine Menschwerdung für uns die Sünde überwunden hat, darum können wir aus DANKBARKEIT gute Werke tun; Taten, die der Liebe Gottes, die er uns erwiesen hat, entsprechen. Das bedeutet für unseren Zusammenhang: Gott schenkt allen Menschen seine bedingungslose Liebe, die uns befreit und zu einem neuen Leben befähigt. Damit muss aber zugleich auch klar sein, dass Gott nicht wie ein kleinkarierter Beamter darauf wartet, dass ich bestimmte Verhaltensweisen an den Tag lege und andere meide. Der Ausgangspunkt der christlichen Ethik bleibt die Überwindung der Sünde durch die Liebe Gottes. Ein Sündenbegriff, der Menschen unter Druck setzt und Angst und Schrecken verbreitet, ist darum eigentlich nicht im Einklang mit dem Evangelium.

Es wäre außerordentlich hilfreich, wenn kluge Seelsorger gegenüber verunsicherten Zwangserkrankten die Deutung der Worte »... gesündigt in Gedanken ...« in den richtigen Zusammenhang stellten und sie in der Gewissheit unterstützten, dass ein Gedanke allein keine Sünde sein kann. Denn gerade diese Annahme, dass ein Gedanke allein ausreicht, um sich schuldig zu machen, löst bei Zwangserkrankten große Angst und Verunsicherung aus und führt dazu, Gedanken kontrollieren zu wollen, was naturgemäß nicht funktionieren kann.

Außerdem gibt es unterschiedliche Formen von »bösen« Gedanken: Moralisch verwerfliche böse Gedanken, ohne die unsere Welt eine bessere Welt wäre, stehen im Gegensatz zu bösen Gedanken, die wir benötigen, zum Beispiel, um uns zur Wehr zu setzen. Denn nur wer das Denken von bösen Menschen und ihre Taten gut versteht, ist auch in der Lage, geeignete Gegenmaßnahmen zu ergreifen. Zum Verständnis böser Menschen und ihrer Taten muss ich selbst ein Teil dieser Gedankenwelt werden. Die Absicht entscheidet also, ob aus einem bösen Gedanken auch ein wirklich böses Handeln wird.

Sicher trägt zum Beispiel der Boss einer Verbrecherbande, der die Verbrechen plant und sie von seinen Spießgesellen ausführen lässt, eine besonders schwere Schuld, auch wenn er sich selbst die Finger nicht schmutzig macht. Diese Schwere der Schuld findet auch in den Urteilen weltlicher Gerichte ihre Entsprechung.

Sündiges, schuldhaftes Handeln liegt aber nicht vor, wenn verbrecherisches Denken als geistiges Probehandeln angewandt wird, wie beispielweise bei ermittelnden Kripo-Beamten. Wenn der Chef einer Ermittlungskommission ebenso detailliert über Motiv (zum Beispiel die Beute) und Vorgehen (zum Beispiel Überfall einer Bank) nachdenkt wie der Chef eines Verbrechersyndikats, begeht der Polizist keine schuldhafte Straftat. Vielmehr muss der Polizist den Verbrechern in seinem Denken sehr nahe kommen, um bei der Aufklärung erfolgreich zu sein. Polizist und Verbrecher haben zwar gleiche Gedanken, aber ganz gegensätzliche Absichten. Während Verbrecher das böse Ereignis auch herbeiführen wollen, möchten Polizisten das Verbrechen verhindern oder aufklären.

Entkräftigung von Mythen

In diesem Zusammenhang arbeiten wir Therapeuten an der Entkräftung typisch zwanghafter Mythen, die wir vor allem bei moralischen, religiösen und sexuellen Zwängen finden.

Zwanghafter Mythos 1:
»Wenn ich etwas denke, heißt das, dass ich das Gedachte auch tun werde!«

Zwanghafter Mythos 2:
»Schon ein Gedanke reicht aus, um mich vor Gott schuldig zu machen!«

Zwanghafter Mythos 3:
»Ich muss meine Gedanken kontrollieren können!«

Entkräftigung Mythos 1: Zwangskranke lassen sich recht schnell davon überzeugen, dass böse Gedanken mit einer bösen **Absicht** verbunden sein müssen, um zu bösen Taten zu führen. Da Zwangskranke sich über das Vorhandensein ihrer eigenen guten Absichten im Unklaren sind, benötigen sie auch weitere Unterstützung und die Förderung der Entwicklung ihres Selbstwertgefühls und Selbstbewusstseins.

Entkräftigung Mythos 2: Wenn meine Klienten an einen allwissenden, allmächtigen Gott glauben, müsste dieser Gott ja auch genau wissen, dass mein Klient an einer Zwangserkrankung leidet und dass mein Klient sich wegen seiner Zwänge in meiner Behandlung befindet. Ein allwissender Gott weiß ebenso, dass die Zwänge meines Klienten keine bösen Absichten hervorbringen. Der Einsicht, dass Zwangskranke keine bösen, sondern überdurchschnittlich freundliche Menschen sind, die sich in der Regel an alle Gesetze, Gebote und Spielregeln halten, stimmen meine Klienten in der Regel spontan zu. Es fällt Zwangskranken aber sehr schwer, dieses Selbstverständnis eines freundlichen, gottgefälligen Lebens auf sich selbst zu übertragen. Auch hier stellt sich die langfristige Aufgabe, an der Entwicklung eines positiven Selbstbewusstseins zu arbeiten.

Entkräftigung Mythos 3: Die Selbstverpflichtung vieler meiner Klienten, nicht nur ihre Taten, sondern auch ihre Gedanken jederzeit unter Kontrolle haben zu müssen, entkräfte ich mit dem unten dargestellten Lila-Eisbär-Paradox:

Das Lila-Eisbär-Paradox

Das Lila-Eisbär-Paradox besteht darin, dass ein Therapeut seinen Klienten zunächst bittet, sich einen lilafarbenen Eisbären möglichst konkret und plastisch vorzustellen. Wenn dies gelungen ist, bittet der Therapeut den Klienten nun, im Gegenteil alle Gedanken und Vorstellung vom lilafarbenen Eisbären zu unterdrücken. Dabei wird von den Klienten beobachtet, dass es unmöglich ist, dieser Anweisung zu folgen. Je mehr man sich anstrengt, nicht an den lilafarbenen Eisbären zu denken, desto schwieriger wird diese Übung.

Aus diesem Grund empfehlen wir unseren Klienten, ungewollte Gedanken zu akzeptieren, insbesondere, wenn es sich um schlimme und verbotene Gedanken handelt.

3. Grenzen und Unterschiede zwischen Religion und religiösen Zwängen

Wir haben in der ersten Fallgeschichte zwanghafte Rituale und Tabus eines Betroffenen kennengelernt. Darüber hinaus spielt die sehr genaue Auslegung der Worte der heiligen Schrift im Alltag Zwangskranker eine herausragende Rolle. Wenn Seelsorger feststellen, dass eines ihrer Gemeindemitglieder die Schrift besser kennt als sie selbst, sollten sie hellhörig sein.

Definition: Das Wort **Religion** stammt aus dem Lateinischen: Das lateinische Substantiv religio lässt sich mit ›gewissenhafter Berücksichtigung‹ oder ›Sorgfalt‹ übersetzen. Das lateinische Verb relegere bedeutet ›bedenken‹, ›achtgeben‹. Ursprünglich gemeint ist »die gewissenhafte Sorgfalt in der Beachtung von Vorzeichen und Vorschriften«.

Im Deutschen verwenden wir das Wort Religion, wenn wir von jenseitigen **Weltanschauungen** sprechen und wenn wir den **Glaube**n an überirdische, übernatürliche, übersinnliche Kräfte meinen.

Relegere lässt sich vom Wortstamm wiederum vom lateinischen Verb legere ableiten, was im Deutschen lesen bedeutet. Das heißt, moderne Religionen besitzen heilige Bücher und Vorschriften, deren Einhaltung auf sehr genaue Weise gefordert wird.

Nach dieser Definition machen Menschen mit religiösen Zwängen alles richtig. Betroffene benötigen meist eine lange Zeit, bis sie bemerken, dass irgendetwas nicht stimmt. Früher erkennen Angehörige, die den Betroffenen gut kennen, aufmerksame Seelsorger und Psychotherapeuten, dass hier mehr als gewissenhafte Sorgfalt, nämlich eine Krankheit mit Leidensdruck vorliegt. Was aber genau falsch läuft, ist nicht leicht zu benennen. Ich werde mich bemühen, im Laufe dieses Buches eine möglichst klare und einfache Antwort zu geben.

Genauigkeit und Sorgfalt im Lesen und Deuten religiöser Texte ist ein Teil der religiösen Zwänge, wobei das Bizarre und die Übertreibung religiöser Zwänge eine besondere Aufmerksamkeit des Betrachters erfordert. Um dieses Exzessive aufzudecken, braucht es eine besondere Vertrauensbeziehung zwischen dem Therapeuten (oder Seelsorger) und dem Betroffenen. Menschen mit religiösen Zwängen, die mir begegnet sind, haben sich in der Regel zunächst als Erstes an einen Geistlichen gewandt und haben dann meist feststellen müssen, dass ihr Seelsorger mit der Einordnung ihrer exzessiven religiösen Handlungen oder Gedanken überfordert war. In diesen mir bekannten Fällen zögerten die aufgesuchten Pfarrer, mit einem spezialisierten Psychologen oder Psychiater zusammenzuarbeiten. In meiner Therapie- und Beratungsarbeit habe ich bisher noch nie eine Zuweisung durch einen Geistlichen oder einen Seelsorger erhalten. Ich vermute Konkurrenz zwischen Therapie und Seelsorge als Ursache und möchte hiermit den Anstoß geben, dass die Vertreter beider Bereiche zusammenarbeiten.

Der Zwang hält nicht, was er verspricht. Er verursacht meistens sogar das genaue Gegenteil!

Bei den klassischen, mit einer Zwangshandlung verbundenen Zwängen lässt sich leicht belegen, dass die Ziele, die mit der Ausübung der Zwangshandlung erreicht werden sollen, gerade nicht erreicht werden.

Exzessives, zwanghaftes Waschen hilft nicht gegen Krankheitserreger. Im Gegenteil: Dermatologen haben nachgewiesen, dass durch die übermäßige Belastung der Haut durch Wasser und Seife ein Teil der Fähigkeit der Haut zur chemischen und biologischen Abwehr verloren geht und dass dadurch sogar Übertragungswege für Krankheitserreger geschaffen werden.

Auch exzessives Kontrollieren bringt keinen Zuwachs an Sicherheit, sondern verursacht im Gegenteil Unsicherheit. So führt zwanghaftes Kontrollieren dazu, dass zu viel Aufmerksamkeit auf einen Aspekt, auf ein Ziel gerichtet ist und der Überblick verloren geht. Dadurch steigt sogar die reale Unfallgefahr.

Die Ausrichtung der Gedanken bei religiösen Zwängen auf jenseitige Katastrophen macht aber eine Realitätsprüfung unmöglich, sodass dieser Form der Zwangserkrankung nur schwer argumentativ begegnet werden kann. Natürlich wünschen sich auch Personen mit religiösen Zwängen einen unumstößlichen Beweis dafür, dass ein zwanghafter Tabubruch oder das Unterlassen religiöser Zwangshandlungen nicht Gottes Verdammnis, die Hölle oder das Fegefeuer nach sich zieht. Dass bei religiösen Zwängen solch ein naturwissenschaftlicher Beweis unmöglich ist, unterscheidet den religiösen Zwang von anderen klassischen Zwängen und erfordert besondere Erfahrungen bei Ratgebern und Therapeuten. Es sei denn wir akzeptieren die Lehre von Luther beziehungsweise von Paulus, die in der Liebe und Gnade Gottes besteht, als den notwendigen Beweis.

Seinen Beichtvater Staupitz nervte Luther mit »Humpelwerk und Puppensünden«. Luther war besessen davon, völlig rein sein zu wollen. Staupitz konnte nicht verstehen, dass Luther stets geringste Vergehen über Stunden beichten wollte und sich am Ende dabei immer schuldiger fühlte. Und so gilt auch hier: Der Zwang hält nicht, was er verspricht. Er verursacht meistens sogar das genaue Gegenteil! Es gibt einen Punkt im Ablauf der sonst wohltuenden, richtigen und wichtigen Rituale, der das religiöse System zum Kippen bringt: Ein exzessives Beichten oder Beten kann die Angst vor Gott bekräftigen und eine echte Nähe zu Gott zerstören. Bei Menschen, die zu einer Zwangserkrankung neigen, ist dieser Punkt überschritten.

Tabu und Ritual

Daryl Bem behauptet in seiner Theorie der Selbstwahrnehmung, dass unsere Einstellungen unseren Handlungen folgen und stellt damit die Alltagspsychologie der meisten Menschen auf den Kopf. Viel lieber möchten wir uns als vernunftbegabte Wesen sehen, bei denen die Handlungen Ergebnis von Überlegung und Entscheidung sind: »Nachdem ich mir vorgenommen habe, ein Buch über religiöse Zwänge zu schreiben, beginne ich mit dem Verfassen des Textes.«

Bem[2] betrachtete Verhalten aus der entgegengesetzten Perspektive: »Individuen ›lernen‹ ihre eigenen Einstellungen, Emotionen und anderen inneren Zustände teilweise, indem sie sie aus Beobachtungen ihres eigenen offenkundigen Verhaltens und/oder der Umstände, in denen dieses Verhalten auftritt, ableiten. Sind die internen Signale schwach, mehrdeutig oder nicht interpretierbar, befindet sich das Individuum funktional in derselben Position wie ein externer Beobachter, der sich notwendigerweise auf dieselben externen Signale verlassen muss, um auf die inneren Zustände des Individuums zu schließen.«

»Ich bemerke, dass ich ein Buch über religiöse Zwänge schreibe und schließe daraus, dass ich die Absicht habe, ein Buch mit diesem Thema zu schreiben.« Sie als Leser bemerken, dass dieses Beispiel irgendwie nicht im Sinne der Theorie von Bem funktioniert.

Für die Beispiele Tabu oder Ritual passt Bems Theorie deutlich besser: Tabu und Ritual helfen uns, die Bedeutung und die emotionale Qualität einer Situation zu erfassen: »Das Aufstellen eines Weihnachtsbaums ist ein Ritual, das ich alljährlich wiederhole und dieses Ritual bringt mich alljährlich in eine weihnachtliche Stimmung.« – »Beim Betreten eines hinduistischen Tempels wird mir bedeutet, meine Schuhe auszuziehen und in ein spezielles Regal zu stellen. Das Tabu ›Schuhe aus‹ zeigt mir, dass dieser Hindutempel ein geheiligter Ort ist, in dem ich mich respektvoll verhalte, auch wenn ich die hinduistische Religion kaum kenne.« Bems Theorie der Selbstwahrnehmung liefert uns einen theoretischen Ansatz aus der Sozialpsychologie, wie Tabus und Rituale durch ihren symbolischen Gehalt und Bedeutungen auf uns wirken und unsere Einstellungen, Gefühle und unser Selbsterleben prägen. Eine Beerdigung enthält eine Fülle von Tabus und Ritualen, die bei den Teilnehmern das Gefühl Trauer anregen und die Idee Abschied aktivieren, was in einem Alltag voller Stress und Ablenkungen ohne die Beerdigungsrituale wohl nur unzureichend zu schaffen wäre.

Der Begriff »Tabu« stammt laut Duden von den Tonga Inseln/ Polynesien und bedeutet im religiösen Sinn »unter Verbot stehend«, »nicht erlaubt« oder auch »heilig« und »durch Sitte und Gesetz geschützt«. James Cook war im Januar 1778 wohl der erste Europäer, der auf die Ureinwohner von Hawaii traf, die Nachfahren polynesischer Seefahrer. Ihre sehr komplexe Religion hieß *kapu* oder auch *Tabu* ins Polynesische übersetzt.[3] Die Religion der Ureinwohner Hawaiis enthielt viele Verbote, die von den ersten Europäern und schließlich den Amerikanern kaum erkannt wurden, zumal es keine schriftlichen Aufzeichnungen gab. Die häufige Nichtbeachtung der Tabus auf Hawaii durch die unwissenden Europäer und Amerikaner führte schließlich zum Verschwinden der Religion und Kultur der Ureinwohner Hawaiis.

Im deutschen Sprachgebrauch meinen wir mit Tabu, dass etwas verboten oder verpönt ist. Tabus gelten natürlich über Hawaii und die Tonga Inseln hinaus auch in europäischen Kirchen, jeder Christ weiß, dass er eine Kirche nicht in Badebekleidung betreten sollte und es gilt die Abstinenz vor dem heiligen Abendmahl. Tabus markieren religiöse und gesellschaftliche Grenzen und bekräftigen die Bedeutung der Inhalte, mit denen sie verbunden sind, und haben damit viel Gemeinsamkeit mit Ritualen, obwohl sie leichter übersehen werden als Rituale.

Der Begriff »Ritual« stammt vom lateinischen »ritualis«, den Ritus betreffend. Nach dem Duden wird Ritual in der deutschen Sprache als schriftlich fixierte Ordnung der (römisch katholischen) Liturgie oder als die Gesamtheit der festgelegten Bräuche und Zeremonien religiöser Kulte verwendet. Jenseits der Religion verstehen wir laut Duden den Begriff Ritual für ein wiederholtes, immer gleichbleibendes, regelmäßiges Vorgehen nach einer festgelegten Ordnung. Tabus und Rituale sind auch Bedeutungsverstärker: Da, wo zum Beispiel Nacktheit und Sexualität einem Tabu unterliegen, wird die Exklusivität und Bedeutung einer sexuellen Partnerschaft gestärkt. Rituale finden wir überall dort, wo es um das Unterstreichen der Wichtigkeit einer Situation geht.

Der Psychologe und Theologe H. Fischedick bezeichnet Rituale und Tabus als Inseln der Beständigkeit und als Entwicklungshelfer in schwierigen Zeiten und beleuchtet aus theologischer Sicht Unterschiede zwischen religiösen Ritualen und Alltagsritualen im Vergleich zu den Zwangsritualen.

Unterschiede in den Kategorien der Rituale

	Religiöse Rituale u. Alltagsrituale	Zwangsrituale
Der Anlass	Rituale als Antwort auf interindividuelle Herausforderungen, Zusammenhang mit zeitlichen, räumlichen oder sozialen Veränderungen, z. B. Jahreswechsel, Geburt, körperliche Reifung, Heirat, Tod (Urszenen und Archetypen nach C. G. Jung).	Rituale als fehlgeschlagener Versuch einer Person, die eigenen individuellen Konflikte zu lösen.
Die Ordnung	Bewusster Anfang und klares Ende, die durch einen formalen Beschluss zum Feiern oder eine öffentlich bekannte Ordnung festgelegt sind.	Spontaner Beginn, kein klarer nachvollziehbarer Beginn und endlose Wiederholungen ohne ein klares Ende.
Der Wechsel	Rituale begleiten den Wechsel in einen spürbar neuen Status, zum Beispiel ein Initiationsritual, Schulabschlussfeier, Einschulung, Kommunion, Konfirmationen, Firmung.	Zwangsrituale bringen keine Lösungen oder Veränderung, ein Erleben aus der Vergangenheit wird gebunden, die Verarbeitung eines emotionalen Erlebnisses wird blockiert.

(nach Fischedick)[4]

Die Form von Ritualen ist förmlich und stereotyp und wiederholbar, sowohl bei den Zwangsritualen als bei religiösen Ritualen und Ritualen aus dem Alltagsleben. Die Bedeutung von Gegenständen, die im religiösen Ritual verwandt werden, geht über ihren Alltagswert hinaus, zum Beispiel wird im religiösen Ritual

Wasser nicht zum Waschen, sondern für die Weihe benutzt, Kerzen werden nicht als Leuchtmittel, sondern als Symbol der Erkenntnis verwendet. Eine symbolische Umdeutung von Alltagsgegenständen kennen wir auch bei Zwängen, insbesondere bei magischen Zwangsritualen, wo zum Beispiel Wasser zum Abwaschen von Schuld genutzt wird oder der Eingangsbereich einer Wohnung wird zu einer Sicherheitsschleuse umgedeutet, um die saubere Wohnung von der unsauberen Außenwelt zu trennen.

Die Psychologin Claudia Büschel untersuchte in ihrer Doktorarbeit Familienrituale und verglich 146 Mitglieder der Deutschen Gesellschaft Zwangserkrankung e. V. (76 Betroffene einer Zwangserkrankung und 70 von deren Angehörigen) mit einer Stichprobe gesunder Menschen, die nichts mit Zwängen zu tun haben.[5]

Ergebnisse:

- In nicht von Zwängen betroffenen Familien werden häufiger Familienrituale ausgeführt; die einzelnen Mitglieder sind an ihnen stärker emotional beteiligt und schreiben den Ritualen einen höheren Bedeutungsgehalt zu als die von Zwängen betroffenen Familien.
- Vor allem religiöse Feste und alljährliche Feste werden von den gesunden Familien stärker ritualisiert begangen als von den Familien mit zwangserkrankten Mitgliedern.
- Eine stärkere familiäre Ritualisierung in den Familien von Zwangserkrankten geht mit einer besseren emotionalen Befindlichkeit der Zwangserkrankten einher.

Fazit:

Es ist notwendig, zwanghafte Tabus und Rituale von Ritualen in der Religion, im Alltag und in der Familie inhaltlich deutlich abzugrenzen. Oberflächlich gesehen ähneln Zwangsrituale und zwanghafte Tabus ihren gesunden Pendants durch eine festgelegte Struktur, durch einen symbolischen Gehalt und die Bekräftigung einer Gefühlsqualität.

Gravierende Unterschiede liegen darin, dass gesunde Rituale eine bewusste emotionale Bearbeitung und Bewältigung unterstützen und dass Beziehung und Zusammenhalt einer Gemeinschaft gestiftet wird. Gesunde Rituale und Tabus unterstützen das Verstehen von der Bedeutung gesellschaftlicher oder anderer sozialer Kontexte. Dagegen werden zwanghafte Tabus und Rituale in völliger Vereinsamung ausgeführt. Eindeutig wird durch zwanghafte Rituale und Tabus die Isolation vorangetrieben.

Ein weiterer wichtiger Unterschied ist, dass zwanghafte Rituale und Tabus eine emotionale Bewältigung von wichtigen Ereignissen behindern. Zwanghafte Rituale und Tabus verstärken oder verzerren Gedanken und Ideen in zwanghafter Weise. Die Verstärkung der emotionalen Qualitäten wird durch zwanghafte Rituale und Tabus bis zu einer unerträglichen Anspannung gesteigert.

4. Häufigkeit von Zwängen

Häufigkeit im Vergleich zu anderen psychischen Erkrankungen

Natürlich begegnen Seelsorger wie Religionslehrer, Gemeindereferenten und Pfarrer vielen religiösen Menschen, die auch unter anderen psychischen Störungen leiden. In den meisten Statistiken wird die Zwangsstörung bezüglich ihrer Häufigkeit an vierter Stelle im Vergleich mit anderen seelischen Störungen genannt, nach den Angststörungen, den Alkoholstörungen und der unipolaren Depression. In Deutschland rechnen wir mit mindestens 2 Millionen Zwangskranken.

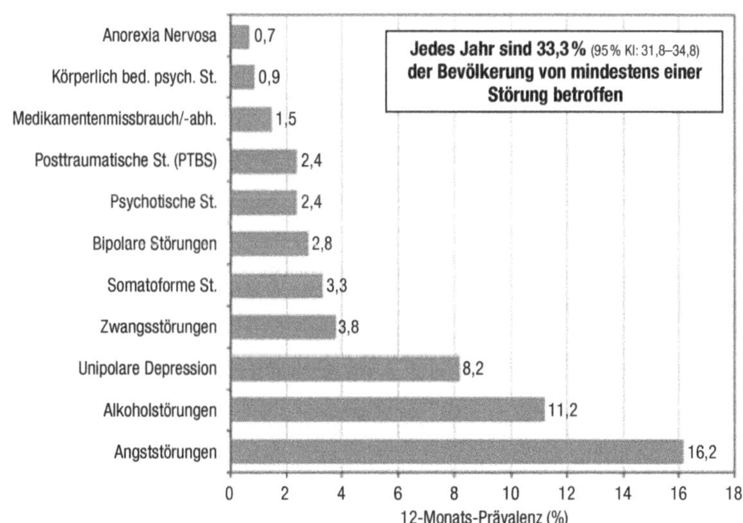

Zwangserkrankungen sind sehr häufig und damit von großer gesundheitspolitischer Bedeutung, das heißt beispielsweise, dass

Therapieangebote fehlen und dass Zwänge eine der Krankheitsgruppen mit dem höchsten Anteil Frührentner sind. Das Zwänge übersehen werden, liegt auch daran, dass die Betroffenen aus lauter Angst vor Ablehnung ihre Zwänge häufig verbergen und sich nicht in Behandlung begeben. Sicher können wir die Zwangsstörungen zu den am meisten unterschätzten seelischen Störungen zählen.

Die Häufigkeit religiöser Zwänge

In zahlreichen wissenschaftlichen Untersuchungen wurde die Häufigkeit verschiedener Zwänge ermittelt. In allen mir bekannten Häufigkeitsstudien tauchen Wasch- und Kontrollzwänge verlässlich auf den ersten Plätzen auf, wie zum Beispiel in einer Studie der Psychiatrischen Klinik München von 2010. Zwanghaftes Kontrollieren wird hier in 62 Prozent der Fälle benannt, zwanghaftes Waschen in 49 Prozent der Fälle. Das Überschreiten der 100-Prozent-Marke ist damit zu erklären, dass häufig mehrere Formen von Zwangshandlungen parallel auftreten. Moralisch-religiöse Zwänge sind in dieser Studie nicht explizit aufgelistet. Das zwanghafte Nachfragen und Beichten wird jedoch in dieser Studie mit beachtlichen 31 Prozent gelistet.

In der unten aufgeführten Tabelle zitiere ich die DSM IV-Feldstudie zur Zwangserkrankung von Foa und Kozak[6], in der eine große aussagekräftige Stichprobe von 425 Zwangspatienten eingeschlossen wurde. Zwangsgedanken mit religiösem Inhalt stehen in dieser Studie sogar an fünfter Stelle der Zwangsgedanken mit einem Anteil von 5,9 Prozent.

Bei einer Auszählung der Zwänge an 71 Betroffenen einer Zwangserkrankung in meiner eigenen Praxis für das Jahr 2016 kam ich auf sechs Betroffene mit religiösen Zwängen, was einem Anteil von 8,4 Prozent entspricht.

Zwangshandlungen	Foa u. Kozak (1992) N = 425	Ciupka-Schön und Futschek (2016) N = 71 (Anzahl total)	Zwangsgedanken	Foa u. Kozak (1992) N= 425	Ciupka-Schön und Futschek (2016) N = 71 (Anzahl total)
Kontrollieren	28,2 %	39 % (28)	Schmutz	37,8 %	7 % (5)
Waschen	26,6 %	15 % (11)	Verletzung	23,6 %	5,6 % (4)
Wiederholen	11,1 %	1,4 % (1)	Symmetrie	10,0 %	4,2 % (3)
Mentale Rituale	10,9 %	1,4 % (1)	Körper	7,2 %	5,6 % (4)
Ordnen	5,7 %	2,6 % (2)	Religiös	5,9 %	8,4 % (6)
Zählen	2,1 %	4,6 % (4)	Sexuell	5,5 %	1,4 % (1)
Sammeln	3,5 %		Sammeln	4,8 %	
			Unakzeptable Impulse	4,3 %	
Vermischtes	11,8 %		Vermischtes	1.0 %	

Gehen wir heute von einer Häufigkeit von 2 Millionen Zwangserkrankten in Deutschland aus und einer Häufigkeit von 5,9 Prozent für religiöse Zwänge, wie sie bei Foa und Kozak gefunden wurden, kommen wir rechnerisch auf 118.000 Personen mit religiösen Zwangsgedanken in unserem Land. Dies ist ein deutlich höherer Anteil als zum Beispiel beim zwanghaften Sammeln, das bei Foa und Kozak mit einem Anteil von 3,5 Prozent gezählt wurde. In den Medien ist jedoch zwanghaftes Sammeln als »Messie-Syndrom« präsent, wodurch diese Art des Zwangs in der öffentlichen Wahrnehmung als wesentlich bedeutsamer erscheint, als sie es tatsächlich ist.

Für die geringe öffentliche Wahrnehmung der religiös-moralischen Zwänge vermute ich folgende Ursachen:

- Meine Beobachtung ist, dass Zwangserkrankte vermehrt Berufe und Gemeinschaften aufsuchen, von denen sie sich Schutz und Sicherheit versprechen, und in denen Regeln und Strukturen vorgegeben sind. Unter meinen Klienten mit Zwängen finde ich fast ausschließlich Angestellte und Beamte. Freiberufler und Selbstständige habe ich bei Zwangserkrankten sehr selten kennengelernt. Da religiöse Gemeinschaften ebenfalls Geborgenheit und Schutz anbieten, vermute ich hier einen großen Anteil von Menschen mit Zwangserkrankungen. In diesem geschützten Rahmen fallen Zwangserkrankungen weniger auf.

- Betroffene vermeiden es, die Dramatik ihres inneren Geiseldramas zu schildern und sind überzeugt, dass die Offenbarung ihrer Symptome, die sie ja selbst als verrückt empfinden, nur Ablehnung bringt und sie sich der Lächerlichkeit preisgeben. Sie führen in der Regel ein »Schattendasein« und verschweigen das wirkliche Ausmaß ihres Problems. Oft fehlt auch die Krankheitseinsicht. Selbst wenn sie Rat bei Seelsorgern suchen, sind diese kaum auf das Erkennen von Zwangserkrankungen vorbereitet und unterschätzen das reale Ausmaß der Symptomatik. Jedenfalls ist festzustellen, dass aus der Gemeinde heraus nur wenige Betroffene im medizinischen beziehungsweise psychotherapeutischen Versorgungssystem ankommen.
- Bei dem von einem Betroffenen geschilderten Zwangsgedanken: »Ich denke an Geschlechtsverkehr und ich erwarte Gottes Verdammnis für diesen sündigen Gedanken!«, ist fraglich, zu welcher Kategorie man diesen Gedanken zählen soll. Ist es ein religiöser oder ein sexueller Zwangsgedanke? Überschneidung zwischen den Kategorien »religiöse«, »moralische« und »sexuelle« Zwänge sind sehr häufig, aber auch Vermischungen mit anderen Zwängen wie Kontrollieren oder Zählen (»Ich muss zehnmal das Vaterunser aufsagen …«) sind typisch. Hier liegt die Einordnung im Auge des Betrachters: Beobachter mit religiösem Hintergrund werden diese Äußerungen wohl eher als einen religiösen Zwang bezeichnen, Nichtreligiöse blenden das religiöse Thema wohl eher aus. Das gilt sowohl für Seelsorger, Wissenschaftler und Therapeuten als auch für die Betroffenen selbst.

In der von Experten häufig genutzten Y-BOCS[7] werden in 30 von 55 Kategorien die Themen Schmutz, Kontrolle und Waschen, um die sich die abgefragten Zwangsgedanken und Zwangshandlungen bewegen, behandelt.

Nur eine Kategorie der Y-BOCS beschäftigt sich mit dem Thema Religion und jeweils eine Kategorie mit den Themen Moral und Sexualität. Im ebenfalls sehr verbreiteten Hamburger Zwangsinventar (HZI) fehlt der religiöse Aspekt völlig. Die Konstruktionsmerkmale von Y-BOCS, HZI und auch anderer wissenschaftlicher Untersuchungsinstrumente führen wohl eher zu einer Überschätzung von Wasch- und Kontrollzwängen und einer Unterschätzung der religiös-moralischen Zwänge. Eine genauere Differenzierung könnte zu anderen Ergebnissen führen, gemäß der Erfahrung: Netze mit weiten Maschen eignen sich nur für das Fangen großer Fische, für kleine Fische brauche ich ein Netz mit engen Maschen.

Fazit: Die oben genannte Häufigkeit von 118.000 Betroffenen von religiös-moralischen Zwängen ist wohl noch eine sehr vorsichtige Schätzung. Die Einschätzung von Häufigkeiten hängt von den Eigenschaften der untersuchten Stichproben, das heißt der Zugehörigkeit zu einer religiösen Gemeinschaft, den Merkmalen der verwendeten Untersuchungsinstrumente und von der religiös-moralischen Einstellung der Untersucher und anderer Beobachter ab. Bei Zwängen vermischen sich die Kategorien, es ist unklar, ob eine Symptomatik den religiös-moralischen Zwängen zuzurechnen ist oder eher zu den sexuellen Zwängen, den Kontrollzwängen oder irgendeiner anderen Kategorie. Durch diese Unschärfe können wir sogar davon ausgehen, dass die Bedeutung der religiös-moralischen Zwänge die genannte Anzahl von 118.000 Betroffenen in Deutschland noch deutlich übersteigt. Es ist daher notwendig und längst überfällig, religiös-moralische Zwänge mit mehr wissenschaftlicher Aufmerksamkeit zu bearbeiten.

Wahrscheinlich können wir die Frage, die ich von Betroffenen schon sehr häufig gehört habe, ob religiöse Zwänge mit allen übrigen Zwängen in eine Kategorie gehören, besser beantworten, wenn sich die Wissenschaft mehr mit diesem Thema beschäftigt. Wir können dann wahrscheinlich auch beantworten, ob wir für religiöse Zwänge neue Therapiemittel und neue Angebote in der Versorgung brauchen. Die Autoren würden sich sehr darüber freuen, wenn dieses Buch ein wachsendes Forschungsinteresse und den Aufbau spezieller Therapieangebote für Menschen mit religiösen Zwängen anstoßen würde.

5. Vielfalt der Zwänge

Gemeinsamkeiten und Abgrenzung

In der klinischen Praxis finde ich als Regel ein gemeinsames Auftreten von religiösen und klassischen Zwängen. Teils gehen diese fließend ineinander über, teils bestehen religiöse und klassische Zwangsthemen parallel nebeneinander. Auf jeden Fall können wir sagen: Ein Zwang kommt selten allein. Die Aussage: »Ich habe einen Waschzwang!«, ist ebenso eine Reduktion im Auge des Betrachters wie die Aussage »Ich habe einen religiösen Zwang!« Beim näheren Hinsehen bestätigt sich, dass die Vielfalt der Zwänge die Regel ist.

Wenn man sich das erste Mal mit dem Thema Zwangsstörung beschäftigt, ist man meist davon beeindruckt, wie vielgestaltig sich Zwänge zeigen können. Die Reaktion auf die Vielfalt der Zwänge reicht von Irritation und Überforderung bis hin zu Interesse und Faszination. Die häufig unterschätzten religiös-moralischen Zwänge sind nur eine Art von vielen Ausgestaltungen einer Zwangsstörung. In diesem Kapitel werde ich einen beschreibenden Überblick über die Welt der Zwangsstörungen vermitteln, mit besonderem Augenmerk darauf, wie diese »klassischen Zwänge« auch mit religiös-moralischen Inhalten aufgeladen sein können. Als »klassische« Zwänge bezeichne ich hier – etwas unwissenschaftlich – zum Beispiel Wasch- und Kontrollzwänge.

Beim ersten Blick in psychotherapeutische Praxen und in spezialisierte psychosomatische Kliniken scheinen Wasch- und Kontrollzwänge am häufigsten vorzukommen. Menschen mit religiösen Zwängen scheinen hier wie da selten anzutreffen zu sein. Ich vermute, dass dieses Verhältnis im Mittelalter genau umgekehrt war. Die Religion hatte in Europa einen viel höheren gesellschaftlichen Stellenwert. Dafür gab es im Mittelalter wohl kaum Waschzwänge, weil Seife und fließendes Wasser selten waren. Elektrische Geräte und technische Instrumente waren ebenfalls selten oder noch nicht erfunden, sodass Kontrollzwänge im Mittelalter keinen Ansatzpunkt fanden. Dies zeigt, dass die Ausgestaltung der Zwänge auch immer stark von gesellschaftlichen und zeitgeschichtlichen Bedingungen abhängt.

Die vermeintliche Seltenheit religiös-moralischer Zwänge gibt den Betroffenen das Gefühl, Außenseiter unter Außenseitern zu sein. Alle mir bekannten Zwangskranken betonen jedoch den Wunsch, normal zu erscheinen. Zumindest die Klienten, die wir Therapeuten in unserer Praxis kennenlernen, wissen ganz genau, dass ihr Zwangsverhalten den Normen unserer Gesellschaft widerspricht.

Gemeinsam ist fast allen Zwängen, dass sich die Betroffenen darum bemühen, das Gefühl einer Anspannung, die beispielsweise durch Schuldgefühle entsteht, zu unterdrücken oder zu vermeiden. Die Vermeidung von Schuld wird vor allem bei Kontrollzwängen, bei sexuellen Zwängen und bei moralischen Zwängen deutlich. Damit kommen diese Zwänge in eine thematische Nähe zu religiösen Zwängen, so lange Religion Aussagen über die Moral und über Sexualität macht und richtiges oder falsches Verhalten festlegt. Es ist also schwierig, religiöse Zwänge eindeutig von anderen Zwängen abzugrenzen, weil das zentrale Thema »Schuld« nicht nur bei religiösen, sondern auch bei vielen anderen Erscheinungsformen einer Zwangsstörung vorkommt.

Führendes Symptom einer Zwangsstörung ist stets eine negative Anspannung, die neben dem genannten Schuldgefühl aus Empfindungen wie Scham, Angst, Ekel und dem Gefühl der Unvollständigkeit resultieren kann. Darüber hinaus beobachten wir bei Zwangskranken belastende Gedanken, die sich aufdrängen, und zwanghafte Handlungen, die in extremen Ausprägungen den ganzen Tag ausfüllen können. Die Arbeits- und Liebesfähigkeit kann in ungünstigen Verläufen, die sich über Jahre erstrecken, völlig verloren gehen.

Eine magische Zuversicht geht für Zwangskranke von jeder ausgeführten Zwangshandlung aus: Durch die Ausführung von Wasch-, Kontroll-, Bet-, Beicht-, Zähl- und Ordnungsritualen soll die Zukunft günstig beeinflusst werden und es sollen die unterschiedlichsten Gefahren und Katastrophen, wie totale soziale Ablehnung, Gottes Verdammnis, Verlust der wirtschaftlichen Existenz, Krankheit oder Tod abgewendet werden.

In einer Übersicht, in der ich hier nun die bekanntesten Ausgestaltungen von Zwangserkrankungen vorstelle, folge ich im Wesentlichen den bekannten Diagnoseinstrumenten für Zwangserkrankungen, insbesondere der Y-BOCS.

Die Y-BOCS unterscheidet zwischen Zwangsgedanken und Zwangshandlungen. Die zwanghafte Vermeidung und die ständigen Rückversicherungen der Betroffenen, die ich sehr häufig beobachte und die ich für sehr typisch für Zwänge halte, bleiben in der Y-BOCS unberücksichtigt. Rückversicherungen werden ausführlich bei den Kontrollzwängen beschrieben, haben aber gerade bei religiösen Zwängen einen hohen Stellenwert.

Waschzwänge

Klinische Definition: Der Ekel vor Schmutz oder die Angst vor Infektionen mit gefährlichen Keimen wie zum Beispiel HIV-Viren, Hautpilzen oder Hepatitis C-Erregern beschreibt diese bekannteste Form von Zwangsstörung. Waschzwänge werden immer von einer negativen Form von Anspannung, meistens mit den Gefühlen Ekel und Angst, manchmal auch Schuld begleitet. Waschrituale werden so lange ausgeführt, bis die Gefühle Ekel oder Angst neutralisiert sind. Die häufigste Form eines Zwanges besteht in der Furcht davor, dass sich Schmutz oder Krankheitserreger auf den eigenen Körper übertragen haben, was mit Ekel und Angst verknüpft ist. Etwas seltener ist die Sorge, durch mangelnde Aufmerksamkeit und Hygiene Schmutz oder Krankheitserreger an andere Menschen weitergegeben zu haben und somit für die Krankheit anderer verantwortlich zu sein. In diesen etwas selteneren Fällen dient das Waschen der Reduzierung der negativen Anspannung von Schuld.

Dritte Fallgeschichte

Frau S. kommt wegen ihrer Waschzwänge in meine Behandlung. Bei Sonnenlicht fällt sofort auf, dass ihre Hände vom exzessiven Waschen unnatürlich weiß bis rosarot gefärbt sind, wohingegen Unter- und Oberarme eine gesunde, von der Sonne gebräunte Hautfarbe haben. Meine ausgestreckte Hand zur Begrüßung ergreift Frau S. nur mit erkennbarem Widerwillen. Beim Händedruck fällt auf, dass sich die Haut feucht und fettig vom Einsatz einer großen Menge an Hautcreme anfühlt. Frau S. vermeidet das Betreten öffentlicher Räume, weil ihr Zwang sie hier schlimme Krankheitserreger vermuten lässt. Wenn das Betreten öffentlicher Räume unvermeidbar ist, wird sie häufig von ihrer Schwester begleitet, die ihr die Türen öffnet. Wenn die Schwester verhindert ist, zieht Frau S. den Ärmel ihrer Jacke über die Hand und nennt das »eine Handpuppe machen«, um den für sie ekelhaften direkten Kontakt mit Türklinken zu vermeiden. Da Frau S. arbeitslos ist, wohnt sie noch bei ihren Eltern. Besonders der Vater habe sie schon, solange sie denken kann, abgewertet und kritisiert. Da sie ihren Eltern auf der Tasche liegt und im Leben bisher nichts auf die Reihe bekommen hat, fühlt sie sich voller Scham- und Schuldgefühle und sieht die Kritik ihres Vaters als völlig berechtigt an.

Namengebend für Waschzwänge sind exzessive Wasch- und Duschrituale. In Verbindung mit Waschzwängen können aber auch andere Hygienetätigkeiten ausgeführt werden, wie das exzessive Zähneputzen oder exzessive Hygiene in der Wohnung. Erste Zeugen von Waschzwängen sind häufig Haut- und Zahnärzte, weil die exzessive Hygiene Haut oder Zahnfleisch angreift. Spätestens wenn Ärzte aufgesucht werden müssen, hat sich der Vorteil, den die Hygiene bringt, in das Gegenteil verkehrt.

Durch exzessives Waschen, Duschen oder Zähneputzen wird die natürliche Abwehrfunktion der Haut oder der Schleimhäute geschwächt und es werden Übertragungswege für Krankheitskeime eröffnet. Häufig ruft die zwanghafte Pflege des Genital- und Analbereichs Gynäkologen oder Proktologen auf den Plan. Neben dem Vermeiden von Ekel und Krankheitsangst geht es bei zwanghaftem Waschen im Anal- und Genitalbereich häufig

auch um die Vermeidung von sexuellen Schuldgefühlen. Diese speziellere Form eines Waschzwanges kann dann auch mit moralischen und religiösen Zwängen verbunden sein.

Die Furcht vor einer Übertragung von Krankheitserregern vom eigenen Körper auf den Körper anderer Menschen wird eher von der negativen Anspannung eines Schuldgefühls begleitet: Der belastende Gedanke ist, dass durch das eigene unachtsame Verhalten Bakterien oder Viren weitergegeben werden und in der Folge ernst zu nehmende gesundheitliche Schäden bei Mitmenschen auslösen. Bei dieser Befürchtung, Keime an andere Menschen weiterzugeben, finden wir also eine Überlappung von Wasch- und Kontrollzwängen: Neben dem Ekel vor Verunreinigungen und der Angst um die Gesundheit und das eigene Leben kommt hier noch das Gefühl der Schuld hinzu. Der Versuch der Neutralisierung und die Vermeidung des Gefühls Schuld ist typisch bei Kontrollzwängen.

Waschzwänge sind sehr häufig und werden in Presse und Fernsehen in der Regel mit Händen, die gewaschen werden, dargestellt. Dies ist wohl der Grund, dass die meisten Menschen den Begriff Zwangsstörung mit waschenden Händen assoziieren. In Wirklichkeit sind die äußerlichen Erscheinungsformen von Zwängen aber weitaus vielfältiger, was ich auf den folgenden Seiten noch zeigen werde.

Die Verbindung von Waschen und Schuld

»Seine Hände in Unschuld waschen« ist eine Redewendung, die aus der Passionsgeschichte im Neuen Testament stammt. Die Begebenheit, in der Pilatus Jesus Christus zum Tode am Kreuz verurteilt, wird in Matthäus 27,24 wie folgt beschrieben:

»Als Pilatus sah, dass er nichts erreichte, sondern dass der Tumult immer größer wurde, ließ er Wasser bringen, wusch sich vor allen Leuten die Hände und sagte: ›Ich bin unschuldig am Blut dieses Menschen. Das ist eure Sache!‹«

Pilatus war ein römischer Beamter, der seine Karriere nicht durch einen Aufstand in Jerusalem gefährden wollte, den er unweigerlich hätte verantworten müssen. Wir können annehmen, dass Pilatus in der beschriebenen Szene Schuld empfunden hatte, weil er dem vereinten Druck des Volkes (»Kreuzige ihn!«) und des Hohepriesters Kaiphas nicht standhalten konnte. Meine Deutung dieser Bibelstelle aus der Perspektive eines Therapeuten: Obwohl Pilatus nach römischem Recht kein nennenswertes Vergehen in den Taten Jesu Christi sehen konnte, verhängte er diese besonders qualvolle Todesstrafe der Kreuzigung und wollte mit dieser Geste die Schuld an diesem Justizverbrechen von sich weisen.

Von Martin Luther ist überliefert, dass er nach seinem Eintritt in das Schwarze Kloster ein besonders übereifriger Mönch war, der stundenlang beichtete und damit auch geringste Vergehen zu Gehör brachte. Von Luther ist das folgende Zitat überliefert: »Je länger wir uns waschen, desto unreiner werden wir!«

Ein weiteres Beispiel für die Verbindung von Waschen und Schuld finden wir in Shakespeares Drama »Macbeth«. Nach dem Mord am König wäscht die Mörderin Lady Macbeth sich verzweifelt die Hände: »Wer hätte gedacht, dass der alte Mann so viel Blut in sich hatte? Wollen diese Hände niemals sauber werden?«

Reinigung durch Wasser, Waschen als Ritual der Reinigung von Schuld ist auch in den verschiedenen Weltreligionen bekannt: Die Taufe in den christlichen Kirchen, das Kreuzzeichen mit Weihwasser beim Eintritt in eine katholische Kirche und die symbolische Waschung der Hände des Priesters, bevor er in der katholischen Eucharistie die Wandlung von Brot und Wasser in das Fleisch und in das Blut Christi vollzieht, sind solche Beispiele.

Moslems praktizieren rituelle Fußwaschung vor dem Gebet. In der Haddsch, der islamischen Pilgerfahrt nach Mekka, die als die fünfte Säule des Islam bekannt ist, durchlaufen die Pilger Reinigungsrituale, bevor sie zu den Höhepunkten ihrer Pilgerreise gelangen. »Geh dann gereinigt zur Moschee Qubâ' und bete darin!«, steht es geschrieben.

Hindus reiben die Standbilder ihrer verschiedenen Gottheiten mit Butterfett unter dem Aspekt der Läuterung und Reinigung ein. Auch die bei Hindus übliche rituelle Reinigung im Wasser des für sie heiligen Ganges hat eher symbolische Bedeutung. Mit Sauberkeit hat das ganz und gar nichts zu tun, denn der heilige Ganges führt viele gefährliche Krankheitserreger mit sich und gilt als einer der schmutzigsten Flüsse der Welt.

Sicher handelt es sich bei diesen Beispielen aus verschiedenen Weltreligionen nicht um Zwänge. Es wird aber deutlich, dass die Grenze zwischen zwanghaften und religiösen Waschritualen recht fließend sein kann. Zwänge sind wie ein Chamäleon, die sich täuschend echt an ihre Umgebung anpassen können. Dies erklärt, warum es besonders schwierig sein kann, religiöse Zwänge von den innerhalb eines Religionskreises üblichen Ritualen und Tabus zu unterscheiden.

Die meisten Betroffenen einer Zwangserkrankung bemühen sich um Anpassung gegenüber ihrer Umgebung. Die Betroffenen wissen selbst meistens genau, dass ihre zwanghaften Tabus und Rituale über die Normen ihrer religiösen Gemeinschaft hinausgehen. Aus diesen Gründen neigen Betroffene zur Verharmlosung oder zum Verschweigen ihres zwanghaften Verhaltens. Wird der Druck der Diskrepanz, den die Betroffenen zwischen sich und ihrer religiösen Gemeinschaft erleben, immer größer, führt dies zu einem sozialen Rückzug oder einem Ausstieg aus ihrer religiösen Gemeinschaft, weil sie vermeiden wollen, dass andere Glaubensgenossen entdecken, dass sie sich weit außerhalb der Norm bewegen. Auch eine Radikalisierung, das heißt der Wechsel in eine Gemeinschaft mit einer strengeren Auslegung religiöser Vorschriften und einer strengeren Lebensweise, habe ich bei religiösen Zwängen bereits beobachtet.

Offenheit und die Einbindung in eine gemäßigt denkende, religiöse Gemeinschaft halte ich für einen guten Ausweg aus diesem Dilemma. Dies kann gelingen, wenn Betroffene erkannt haben, dass sie unter einer Zwangserkrankung leiden, und wenn sie aus dem Teufelskreis ihres Zwanges aussteigen wollen und durch Seelsorge und professionelle Helfer dabei unterstützt werden.

Waschen gegen schlechtes Gewissen in der psychologischen Forschung

Oberflächlich betrachtet folgen Zwänge einer verständlichen Alltagslogik: Kontrolle für die Verbesserung der Sicherheit? Waschen zur Abwehr von Krankheitserregern? Beten und Beichten, um Nähe zu Gott zu finden und um sich mit seiner Schuld auseinanderzusetzen? Das klingt beim ersten Hinhören erst einmal sehr vernünftig. So werden Betroffene auch nicht müde zu versichern, welche Vorteile ihre Zwänge haben.

In solchen Fällen hilft das Prinzip: »Der Zwang hält nicht, was er verspricht. Meistens verursacht er sogar das genaue Gegenteil!« (Siehe Seite 48f.) Den Betroffenen wird schnell klar, dass zwanghafte Kontrollen unsere Verarbeitung von Informationen überfordern. Waschzwänge zerstören die natürliche Abwehrfähigkeit unserer Haut. Religiöse Zwangsrituale lassen sich als ein Versuch werten, mit Gott einen Handel abzuschließen. Nur lässt sich Gott auf einen Kuhhandel mit uns ein? Oder ist es nicht eher so, dass die religiösen Zwangsrituale das Vertrauen in Gott zerstören und das Bild eines Angst-Gottes erzeugen?

Darüber hinaus ist die vermeintliche Logik eines Zwanges ein Täuschungsmanöver. Besonders deutlich wird dies bei einigen Varianten, die wir magische Zwänge nennen, zum Beispiel zwanghaftes Zählen oder zwanghaftes Herstellen von Symmetrie. Das Besondere der magischen Zwänge ist, dass zwischen dem Inhalt des Zwangsgedankens (»Meinem Hund Bruno könnte ein Unheil passieren!«) und dem Inhalt der Zwangshandlung (»Das Geld, mit dem ich das Eis bezahle, muss eine ungerade Zahl ergeben!«) kein logisch nachvollziehbarer Zusammenhang besteht.

Dies scheint beim Waschzwang anders zu sein, da ja durch Waschen nachweislich Schmutz beseitigt wird und in plausibler Weise das Ekelgefühl neutralisiert wird. Es gibt aber auch noch eine magische Variante des Waschzwangs, in der das Gefühl »Schuld« neutralisiert werden soll. Dies ist deshalb ein magischer Zwang, weil Schuld sich in der Realität ja nicht abwaschen lässt wie Schmutz.

Dem magischen Zusammenhang zwischen Waschen und der Neutralisierung des Gefühls Schuld, für den wir Beispiele aus der Psychotherapie, aber auch aus der Kultur und den verschiedenen Religionen kennen, sind Zhong und Liljenquist[8] mit wissenschaftlichen Methoden nachgegangen. In der Wissenschaftszeitschrift *Science* berichten sie über drei psychologische Experimente, die interessante Ergebnisse lieferten:

1. Experiment

Methode: Zwei Studentengruppen aus freiwilligen Probanden wurden zwei unterschiedlichen Versuchsbedingungen zugewiesen: In der ersten Bedingung (Kontrollgruppe) wurden die

Studenten gebeten, sich eine moralisch einwandfreie Tat ins Gedächtnis zu rufen und diese schriftlich zu notieren. Die Probanden in der zweiten Bedingung (Experimentalgruppe) wurden gebeten, sich an eine verwerfliche Tat zu erinnern und diese aufzuschreiben. Anschließend durften sie sich für ein Geschenk zum Mitnehmen entscheiden, und zwar zwischen einem antiseptischen Tuch oder einem Bleistift.

Ergebnis: Die Probanden in der Gruppe der Schuld-Bedingung (moralisch problematische Erinnerung) entschieden sich signifikant häufiger für die Reinigungstücher.

Interpretation: Das Ergebnis des Experiments ist zunächst überraschend. Aus der Perspektive magischer Zwangshandlungen finden wir eine überzeugende Interpretation: Die angeregten Schuldgefühle sollen neutralisiert werden, indem die Probanden sich mit den Reinigungstüchern »waschen«. Liegt vielleicht bei den Studenten ein intuitives, kulturelles Wissen darüber vor, dass Waschen symbolisch gesehen etwas mit der Neutralisierung von Schuld zu tun hat?

2. Experiment

Methode: In einer Kontrollgruppe befanden sich Studenten ohne Schuldinduktion, in einer Experimentalgruppe wurde wieder durch die Erinnerung an eine verwerfliche Tat ein Schuldgefühl angeregt. In einem anschließenden Test sollten die Studenten unvollständige Worte zu sinnvollen Worten vervollständigen. Beispielsweise konnte aus dem Lückenwort »w _ _ h« entweder »wash« (waschen) oder »wish« (wünschen) gebildet werden.

Ergebnis: Die Studenten in der »Schuldbedingung« entschieden sich im Ergebnis statistisch signifikant häufiger für Begriffe, die mit Reinheit und Sauberkeit zu tun hatten, als die Studenten in der Kontrollgruppe ohne Schuldinduktion.

3. Experiment

Methode: In einer dritten Untersuchung zeigten Studenten in einer Experimentalgruppe, die nach Schuldinduktion (Vorstellung einer eigenen Schuldsituation) Gelegenheit, sich zu waschen, erhielten, eine geringe Bereitschaft zu altruistischem Verhalten (»Würden Sie bei einem fremden Studenten in einer ganz anderen Studie für dessen Abschlussarbeit einspringen?«).

Ergebnis: Die Studenten aus der Kontrollgruppe, die nach Schuldinduktion keine Gelegenheit zu einer Gewissensreinigung durch Waschen erhielten, waren bei der oben genannten Frage bedeutend häufiger dazu bereit, dem fremden Studenten zu helfen.

Interpretation: Dieser Befund lässt sich so interpretieren, dass eine Hilfeleistung zur Reduktion von Schuldgefühlen beiträgt. Waschen hat offensichtlich einen ähnlichen Effekt. Und da die Studenten mit der Waschgelegenheit ihre Schuld bereits abgewaschen hatten, brauchten sie keine weitere Reduktion ihrer Schuldgefühle und leisteten weniger Hilfe.

Fazit aller Experimente: Folgen wir der Interpretation dieser Befunde, dass sich durch Waschen Schuldgefühle neutralisieren lassen, haben wir möglicherweise eine allgemeinpsychologische Erklärung für verschiedene religiöse Bräuche gefunden. Der gleiche psychologische Mechanismus könnte Zwänge erklären, bei denen das Waschen zu einer Neutralisierung des Gefühls Schuld führt. Den gefundenen statistischen Zusammenhang können wir auch andersherum deuten: Die in vielen Religionen bekannte Reinigung von Schuld war auch den Teilnehmern der Untersuchungen bekannt, die dieses Verhalten dann auch im Experiment umsetzten. Analog könnte Waschen als Neutralisierung von Schuld bei Zwängen durch religiöse Rituale inspiriert sein.

Kontrollzwänge

Klinische Definition: Die Angst vor Unglücken und die Angst, Verursacher von Katastrophen zu sein, sowie die zwanghafte Vermeidung von Angst, Scham und Schuld sind zentral bei Kontrollzwängen. In erster Linie zeigen sich diese Zwänge durch exzessive Kontrollen im Haushalt, zum Beispiel, ob der Herd auch ausgeschaltet ist oder ob die Wohnungstür auch wirklich abgeschlossen ist. Es muss sich ein gutes Gefühl einstellen oder die Gewissheit, dass diese Kontrolle nun richtig ist. Betroffene wollen mit diesem Verhalten Schäden und Katastrophen von der eigenen Person oder Familie oder auch von außenstehenden Personen abwenden. Die zwanghafte Abwehr von Gefahren bezieht sich auch zum Beispiel auf den Arbeitsplatz oder auf riskante Alltagstätigkeiten wie Autofahren. Kontrollen sind bei religiösen Themen besonders schwierig, denn wer will die Frage beantworten, ob auch richtig gebetet wurde oder ob eine falsche Körperhaltung oder ein falsches Kreuzzeichen die religiösen Bemühungen zunichtegemacht haben.

Vierte Fallgeschichte

Herr B. leidet unter einem Kontrollzwang, bei dem er verschiedene Dinge seines Haushalts exzessiven Kontrollen unterzieht. Er hat eine feste Abfolge von Gegenständen, die er beim Verlassen der Wohnung kontrollieren muss, seine Geldbörse, Lampen, Elektrogeräte und vor allen Dingen die Wohnungstür. Herr B. wird von einer zwanghaften Angst vor Einbrechern beherrscht. Wenn sich Herr B. in einer schlechten seelischen Verfassung befindet, können die Kontrollen in seiner Wohnung bis zu vier Stunden beanspruchen. Es wird für ihn immer schwieriger, seine sozialen Kontakte zu pflegen, weil es ihm kaum noch gelingt, irgendeine Verabredung einzuhalten, weil seine Zwänge sehr viel Zeit beanspruchen und Herr B. im Voraus die Zeitanforderungen seines Zwanges nicht planen kann. Zu Beginn der Behandlung ist Herr B. überzeugt, dass diese Kontrollen krankhaft sind und er schafft es nach mehreren Reizkonfrontationen in seiner Wohnung, die Kontrollzwänge zeitlich erheblich zu reduzieren.

Der Entkalkung seiner Kaffeemaschine widmet Herr B. ebenfalls sehr große Aufmerksamkeit. Er hält jede erfolgte Entkalkung in einer Liste fest, die Datum und Uhrzeit des Vollzugs dokumentiert. Diesbezüglich ist er noch nicht überzeugt, dass er eigentlich auf die Kontrollen verzichten sollte und dass diese Kontrollen einen zwanghaften Charakter haben. Von Kindesbeinen an hat Herr B. einen sehr vertrauten Freund, der ein Amt als Küster in

der katholischen Gemeinde des Ortes bekleidet. Dieser Freund wird als Ko-Therapeut in Reizkonfrontationen einbezogen: Mit seinem Freund übt Herr B. das zügige Abschließen der Kirche im Ort, von der der Freund die Schlüssel besitzt. In der Rolle als Ko-Therapeut lernte der Freund Anstoß für die zügige Durchführung von Kontrollaufgaben zu geben, ohne Zwangsrituale zu dulden oder Rückversicherungen zu geben.

Kontrollzwänge sind ebenfalls häufig. Sie werden in den Medien oft durch Personen dargestellt, die mit ihren Händen ein Türschloss oder ein elektrisches Gerät überprüfen. Tatsächlich bieten sich Schlösser und Elektrogeräte für exzessive Kontrollen der Betroffenen an. Diese vereinfachende Darstellung suggeriert aber, dass Zwänge stets mit Händen ausgeführt werden und sich thematisch auf Waschen und Kontrollieren eingrenzen lassen. Diese Betrachtungsweise verkennt jedoch, dass der überwiegende Teil der Zwangsstörungen aus Zwangsgedanken, Anspannungen und mentalen Ritualen bestehen, die für den Betrachter unsichtbar sind.

Kontrollzwänge werden meistens in der eigenen Wohnung oder am eigenen Arbeitsplatz der betroffenen Person abgewickelt. Fast sind sie mit einem Reviersicherungsverhalten vergleichbar, das wir von sehr vielen Tierarten kennen. Am Arbeitsplatz kann sich der Zwang an unterschiedlichen, wichtigen Themen festhaken: Kontrolle von Terminen, Kontrolle von Worten in einem Text, Kontrolle von Rechnungen, Kontrolle technischer Funktionen und so weiter.

Kontrollzwänge haben bei religiösen Menschen natürlich auch einen religiösen Bezug, zum Beispiel die rein mentale Kontrolle, ob auch richtig gebetet wurde, oder ob ein religiöses Tabuwort in einem Text enthalten war. Bei unserem Fallbeispiel war das Abschließen der Kirche eine wesentlich schwierigere Übung als das Abschließen der eigenen Wohnungstür und daher war diese Übung besonders wichtig.

Die Vielfalt von Kontrollzwängen hängt von den Spezifika des Berufes ab. Entscheidend ist, dass Kontrollzwänge sich an den Orten der höchsten eigenen Verantwortung festmachen.

Verdeckte Kontrollzwänge, bei denen die Ausführung nicht sichtbar ist, sind typisch für Betroffene in einem frühen Stadium der Zwangserkrankung, die noch einem großen Maß an sozialer Kontrolle durch Kollegen, Freunde und Familienangehörige ausgesetzt sind. Dies gilt natürlich für Kontrollzwänge, die mit einem religiösen Thema unterfüttert sind. Bei zwanghaften Kontrollen im Arbeitsleben beobachten die Kollegen einen zunehmenden, ungeheuren Zeitbedarf, den der zwangskranke

Mitarbeiter für Routineaufgaben benötigt. Die dahinterstehenden mentalen Kontrollrituale werden erst dann für Außenstehende verständlich, wenn der Betroffene in einigen wenigen Fällen seine Umgebung ins Vertrauen zieht.

Selbstverständlich finden sich Menschen mit Kontrollzwängen überzufällig häufig an Arbeitsplätzen, bei den Kontrollen zum täglichen Geschäft gehören, wie zum Beispiel bei Elektrikern. Gründliche Kontrollen werden von den Vorgesetzen in diesen Berufen gefordert und so fällt der zwanghafte Charakter offen ausgeführter Zwangskontrollen lange Zeit erst gar nicht auf. Wir können natürlich auch vermuten, dass Kontrollzwänge eine Art Berufskrankheit sind, wenn Kontrollieren zu den wesentlichen Inhalten des Berufes gehört, wie zum Beispiel bei besagten Elektrikern oder Qualitätsprüfern.

Kontrollzwänge haben stets eine große thematische Nähe zu moralischen und religiösen Zwängen, weil es bei Kontrollzwängen um die Vermeidung unterschiedlichster Katastrophen und damit um die Vermeidung von Schuld geht. Weil Menschen mit einer Zwangserkrankung ihren eigenen Beobachtungen nicht trauen, werden nahe Angehörige oder gute Freunde um Rückversicherung gebeten. Typische Vermeidungen bei Kontrollzwängen können darin bestehen, dass wichtige Handlungen (zum Beispiel Ausschalten und Abschließen) nur gemeinsam mit einem Angehörigen oder Kollegen als Gewährspartner ausgeführt werden oder dass die Ausführung dieser Handlungen diesem Gewährspartner vollständig überlassen wird. In solchen Fällen müssen Verhaltenstherapeuten auch Angehörige und Kollegen in die Therapie einbeziehen. Angehörige und Kollegen, die sich nicht länger in den Zwang hineinziehen lassen, können die Prognose des Betroffenen sehr deutlich verbessern helfen.

Religiöse Zwänge schließen immer wieder das Element der Kontrolle ein. Bei der Frage eines Betroffenen: »Habe ich richtig gebetet?«, ist die Frage, ob dies ein religiöser Zwang oder ein Kontrollzwang ist, nur sehr schwer eindeutig zu beantworten.

Zwänge mit sexuellen Inhalten

Klinische Definition: Sich aufdrängende Bilder oder Gedanken an verbotene oder sogenannte perverse sexuelle Inhalte, Inzest oder Geschlechtsverkehr mit Kindern gehören zu den Zwängen mit sexuellen Inhalten. Heterosexuelle Betroffene haben Zweifel an ihrer sexuellen Orientierung und werden von der Befürchtung gequält, homosexuell sein zu können oder für homosexuell gehalten zu werden.

Die Angst vor Verlust der Kontrolle über die eigenen sexuellen Impulse rücken einige sexuelle Zwänge in die Nähe von Kontrollzwängen (»Ich habe Angst, ich könnte der Frau in der Kirchenbank vor mir an den Busen fassen!«). Die zugehörige Form negativer Anspannung ist das Gefühl Schuld, aber auch Angst, insbesondere Angst vor Aids, Hepatitis C und anderen sexuell übertragbaren Krankheiten.

Fünfte Fallgeschichte

Herr M. ist ein alleinstehender, pensionierter Landesbeamter und leidet seit seiner Jugend an einer Mischung aus sexuellen und religiösen Zwangsgedanken und Zwangshandlungen. Eine Ehefrau und Kinder hätte Herr M. sich wohl sehr gewünscht, in der Umsetzung sei er aber stets zu unentschlossen und zu zögerlich gewesen.

Herr M. benennt, was bei Zwängen selten ist, einen genauen Zeitpunkt, wann aus seiner Sicht der Leidensweg seiner Zwangsstörung begonnen hatte. Im Alter von 14 Jahren war er Zeuge eines Schützenfestumzuges in seiner Straße, den er von einem Fenster im ersten Stock seines Elternhauses aus gut verfolgen konnte. Eine Frau, die eine Teilnehmerin des Umzuges war, trug ein tief ausgeschnittenes Dirndl, was er von seinem erhobenen Fensterplatz ohne Einschränkung und durchaus genussvoll sehen konnte. Plötzlich schossen ihm voller Schrecken das 6. Gebot (»Du sollst nicht ehebrechen!«) und das 10. Gebot (»Du sollst nicht begehren Deines Nächsten Weibes ….«) durch den Kopf, gegen die er nun verstoßen hatte.

Da ihm das Ereignis zu peinlich war, brachte es Herr M. damals nicht übers Herz, sich von seiner Seelenqual in der Beichte zu erleichtern. Als Ausweg wählte Herr M. ein selbst erdachtes Bußritual: Das zehnmalige Beten des Vaterunsers. Da ihm dies zunächst Erleichterung brachte, benutzte Herr M. das zehnmalige Vaterunser immer dann, wenn er in seiner Jugend und auch im späteren Mannesalter an sexuelle und zunehmend andere »verbotene« Inhalte dachte.

Herr M. beschreibt eine Art zwanghafter Trance, in der er sich beim Abspulen seines Gebetsrituals befand. Das Verstehen und Erleben des Vaterunsers spielte bei diesem Ritual überhaupt keine Rolle, vielmehr stand die Erfüllung der Zahl 10 und die Erzielung eines von ihm als »richtig« erachteten Rhythmus im Vordergrund, was für mich als Zuhörer, wie das Leiern einer Schallplatte klang. Bei einem Verstoß gegen diese eisernen Regeln musste das ganze Ritual wiederholt werden. Im Laufe der Zeit entwickelte Herr M. immer neuere und bizarrere Bußrituale. Scherzhaft bemerkten wir in einer Therapiestunde, dass Herr M., würde er im Mittelalter leben, bei der Offenbarung seiner Bußrituale zwangsläufig auf dem Scheiterhaufen gelandet wäre.

Scham- und Schuldgefühle und der vermeintliche Konflikt mit dem Gesetz, mit der Moral und mit göttlichen Geboten erklären, dass Zwänge mit sexuellen Inhalten häufig mit moralischen und religiösen Zwängen Hand in Hand gehen. Die Forderung vieler Religionen nach der Beherrschung der sexuellen Impulse in Verbindung mit der Isolation und Ehelosigkeit vieler Zwangskranker schaffen eine enge Verbindung zwischen vermehrten sexuellen Impulsen und damit einhergehend immer mehr sexuellen und religiösen Zwängen.

Einsamkeit und fehlende sexuelle Betätigung fördern die sexuellen Zwangsgedanken: Denn eine Regel in der Motivationspsychologie lautet, dass ein Bedürfnis, dass längere Zeit unbefriedigt bleibt, in der Wertigkeit der individuellen Bedürfnishierarchie steigt. Menschen, die längere Zeit hungern, beschäftigen sich gedanklich immer mehr mit Dingen, die essbar sind. Das gleiche Prinzip gilt auch für alle anderen Grundbedürfnisse wie Durst, Kontakt zu anderen Menschen und eben auch Sexualität.

Da in strengen religiösen Auslegungen schon allein das sexuelle Begehren oder ein sexueller Gedanke eine Sünde darstellen, suchen vereinsamte Menschen mit einer Zwangserkrankung immer mehr eine Entlastung von ihren »sündigen« Gedanken und Impulsen zu erzielen, indem sie ihre zwanghaften Gedanken unterdrücken und zwanghafte Rituale durchführen, was von vornherein zum Scheitern verurteilt ist.

Religiöse Gebete und Rituale (zum Beispiel Kreuzzeichen, das Beten des Rosenkranzes oder das Beten des Vaterunsers) werden »verzwängelt«, das heißt, Gebete werden aus der Interaktion mit der Gemeinde herausgelöst und nur noch in Abgeschiedenheit in zwanghafter Weise abgewickelt. Bei der Ausführung von Gebet und Ritual verabschieden sich die Betroffenen irgendwann völlig von den Regeln und Gewohnheiten ihrer religiösen Gemeinschaft. Der eigentliche Sinn des Rituals und das bewusste, religiöse, andächtige Erleben gehen immer weiter verloren auf Kosten der Erfüllung sinnloser, religionsferner Regeln, die der Zwang fordert: zum Beispiel eine bestimmte Zahl von Gebetsdurchgängen, ein bestimmter Ton oder Rhythmus oder Ähnliches.

Hort- und Sammelzwänge

Klinische Definition: Zwangsgedanken und Zwangshandlungen, die sich mit dem Sammeln und Aufbewahren von nutzlosen Gegenständen beschäftigen, bezeichnen wir als Hort- und Sammelzwang. Das für jeden gesunden Menschen selbstverständliche Wegwerfen von nutzlosen Gegenständen ist für Betroffene unmöglich geworden, weil jeder noch so unwichtige Müll vom Zwang eine lebenswichtige Bedeutung zugewiesen bekommt.

Nur sehr selten werden Gäste eingeladen, weil Betroffene eine durch das Sammeln völlig vermüllte Wohnung verbergen wollen. Eine Gemeinsamkeit aller Menschen mit einer Zwangserkrankung ist das ausgeprägte Schamgefühl und Normbewusstsein. Daher wird eine intakte Fassade so lange wie möglich aufrechterhalten. Erst in einem sehr späten Stadium, wenn der Zwang sich sehr ausgebreitet hat und praktisch jede Nische im Leben eines Menschen bestimmt, bricht dieser intakte Anschein in sich zusammen. Zwangskranke sind sich durchaus darüber im Klaren, dass ihre Wohnung, die in unserer Gesellschaft als Visitenkarte der Persönlichkeit gilt, überhaupt nicht normal aussieht.

Sechste Fallgeschichte

Mitte der 90er Jahre ging der tragische Fall einer Hamburger Versicherungsangestellten durch die Presse. Die Frau war alleinstehend, Ende 50 und bewohnte zurückgezogen eine kleine Wohnung in einem mehrstöckigen, anonymen Hochhaus. Eines Tages erschien die Frau ohne Ankündigung und ohne Krankmeldung nicht mehr zu ihrem Dienst.

Nach mehreren Wochen wurde der Hausmeister ihres Wohnhauses alarmiert, weil Verwesungsgeruch aus der Wohnung der Frau drang. Nachdem Polizei und Feuerwehr die Wohnungstür aufgebrochen hatten, wurde die Frau in einer völlig verwahrlosten Wohnung tot aufgefunden und es wird vermutet, dass sie unter einem Hort- und Sammelzwang litt. Die Wohnung konnte nur durch einen schmalen Pfad begangen werden, weil die Frau Ausschnitte aus Zeitungsartikeln in Schuhkartons hortete, die sich zum Teil bis unter die Decke stapelten. In Aktenordnern hatte die Frau über die Schuhkartons und deren Inhalt genauestens Buch geführt. Die Schuhkartons belegten praktisch alle zur Verfügung stehenden Möbel wie Tische und Stühle. Die Tür zum Schlafzimmer war so zugestellt, dass dieser Teil der Wohnung nicht zu betreten war. Das Sofa im Wohnzimmer diente gleichzeitig auch als Bett und war das einzige funktionstüchtige Möbel der Wohnung.

Die Frau war zu Lebzeiten durch ihre Freundlichkeit, Genauigkeit und Hilfsbereitschaft bei allen Kolleginnen und Kollegen ihrer Versicherung sehr beliebt. Einladungen, die sie von Kolleginnen und Kollegen häufiger erhielt, lehnte die Frau freundlich, aber bestimmt ab. Dieses Verhalten erschien allen Kollegen sehr rätselhaft

und irgendwann unterließen sie es, erneute Einladungen auszusprechen. Im Nachhinein vermuteten psychiatrische Experten, die von der Polizei hinzugezogen wurden, dass die Frau die Einladungen ablehnte, um ihrerseits nicht in der Pflicht zu stehen, Einladungen zu erwidern und ihre Kollegen bei sich zu Hause bewirten zu müssen.

Das Phänomen verwüsteter Wohnungen wie in diesem Fallbeispiel wird im Jargon von Sozialarbeitern auch als Vermüllungssyndrom bezeichnet. Es ist ein Phänomen, das, wenn überhaupt, von Mitarbeitern der Gesundheitsämter (Sozialpsychiatrischer Dienst) oder von Sozialarbeitern des ambulanten betreuten Wohnens wahrgenommen wird. Psychotherapeuten und Psychiater bekommen die Vermüllung in der Regel nie zu Gesicht, weil Hausbesuche nur selten auf der Tagesordnung dieser Kollegen stehen. Ein Hausbesuch bei Menschen mit einem Hort- und Sammelzwang würde viele meiner Kollegen aus allen Wolken fallen lassen, weil die Fassade der Betroffenen in der Regel völlig intakt ist. Es werden immer wieder neue Ausreden erdacht, um auch dringende Reparaturen durch Handwerker zu vermeiden, die sonst unerwünschte Zeugen der Vermüllung werden könnten. Gesundheitsämter werden dann von Vermietern oder anderen Bewohnern des Hauses alarmiert, weil ein Wasserrohrbruch oder Ungeziefer in der Wohnung eines Betroffenen Gesundheit und Sicherheit des gesamten Hauses bedrohen.

Einige TV-Medien, die für ihre Berichte dramatische Bilder bevorzugen, werden nicht müde Hort- und Sammelzwänge seit Mitte der 90er Jahre bis heute als das »Messie-Syndrom« zu propagieren. Das Wort »Messie« stammt vom englischen Wort »mess« für Unordnung und Durcheinander. Das sogenannte Messie-Syndrom wird in der sozialmedizinischen Fachsprache auch als Desorganisationsproblem bezeichnet. Die Begriffe beschreiben eine Unfähigkeit zu Organisation, Ordnung und Sauberkeit in der eigenen Wohnung und in wichtigen Bereichen des Lebens. Das Messie-Syndrom oder Desorganisation kann Zwänge als Ursachen haben. Häufig stehen aber ganz andere seelische Störungen wie beispielsweise Sucht, Schizophrenie oder Depression als Ursachen dahinter.

Bei einem bestimmten Subtyp des Hort- und Sammelzwangs ist die Vermüllung Ergebnis eines zwanghaften Sammelns mit dem Ziel der Vollständigkeit. Hier resultiert die negative Anspannung weniger aus den Gefühlen der Angst, Schuld, Scham oder des Ekels, wie wir das von den meisten anderen Zwängen kennen, sondern aus dem Gefühl der Unvollständigkeit. Jeder von uns kennt dieses Gefühl im Ansatz, zum Beispiel beim Sammeln von Karten beim Rommé, Sammelbildern oder Briefmarken. Ziel ist die Vollständigkeit eines Satzes und dann winken der Gewinn einer Partie beim Rommé oder finanzieller Gewinn beim nun wertvoll gewordenen Briefmarkensatz. Dahinter steckt eine geforderte Ordnung, die wir alle in gewissem Umfang erreichen wollen, mit dem Unterschied, dass Unvollständigkeit im Erleben von Zwangserkrankten eine katastrophale Bedeutung bekommt. Auch das für gesunde Menschen selbstverständliche Wegwerfen, Entsorgen und Entrümpeln ruft bei Zwangskranken ein angstartiges Gefühl der Unvollständigkeit hervor. Das zwanghafte Sammeln wiederum wird durch eine negative Anspannung der Unvollständigkeit verursacht, wenn der Gegenstand aus seiner zwanghaften Ordnung gerissen wird. So paradox es klingen mag: Ordnung ist das Ziel dieses speziellen Hort- und Sammelzwanges, der im Auge des unbedarften Betrachters im totalen Chaos endet.

Es lohnt sich für Zuhörer, Zeit zu investieren und sich die Zwänge, speziell die Hort- und Sammelzwänge, von den Betroffenen genau schildern zu lassen. Ziel ist die Exploration eines Zwangssystems aus Gedanken, Anspannung und Handlungen zum Thema Horten. Betroffene ohne Behandlungserfahrungen haben stets ein sehr unvollständiges Bild über die Zusammensetzung ihrer Zwangssysteme. Das genaue Zuhören während der therapeutischen Gesprächssitzungen und das Beobachten der Zwangssysteme während eines Hausbesuches fördern das Bewusstwerden und den innerlichen Abstand zum Zwang bei dem Betroffenen. Daher ist diese Klärung einer der ersten sehr wichtigen Schritte in der Therapie.

Die Unklarheit über die eigenen Zwänge resultiert daraus, dass Zwänge über Jahre im Verborgenen automatisiert ausgeführt und kaum mit anderen Menschen je zuvor besprochen wurden. Nicht nur Betroffene, auch Angehörige sind völlig verblüfft, wenn sie erkennen, dass hinter dem Chaos des Hortens und Sammelns eigentlich das Bedürfnis nach Ordnung steht. Der hier zutage tretende Widerspruch zwischen dem Bedürfnis nach Ordnung und dem zwangsbedingten Chaos ist einer von vielen psychologischen Gründen, warum Betroffene unter einem beschädigten Selbstwertgefühl leiden. Das gründliche Zuhören und Beobachten ist eine wichtige Strategie in der Motivations- und Distanzarbeit mit Zwangskranken, die sich auch auf jede andere der hier beschriebenen Zwänge übertragen lässt.

Es gibt einen weiteren Typ von Hort- und Sammelzwängen mit dem dahinterstehenden Motiv, eine Katastrophe abzuwenden. Welche Motivation hinter den Sammelzwängen der Versicherungsangestellten unseres Fallbeispiels stand, können wir im Nachhinein nicht klären. Einer meiner Klienten litt unter einem ähnlichen Hort- und Sammelzwang und sammelte exzessiv Medienausschnitte mit beruflichen Informationen. Sein Ziel mit oberster Priorität war eine erfolgreiche berufliche Laufbahn nach seinem Studium. Der Zwang dieses Studenten suggerierte ihm, dass er nur dann beruflich erfolgreich sein werde, wenn er alles Wissenswerte zu diesem Thema sammelte. Er verwahrte alle Informationsschriften des Arbeitsamtes, Zeitungsinserate mit Stellenangeboten usw. in Schuhkartons, die sich bis unter die Decke seiner Studentenwohnung stapelten. Würde er eine entscheidende Information wegwerfen oder diese nicht wiederfinden, drohe ihm das berufliche Scheitern und damit das Scheitern seines gesamten Lebens.

Ich fragte ihn, ob sein Zwang, alle diese beruflichen Informationen zu sammeln, ihn tatsächlich näher an seine beruflichen Ziele bringen würde. Und er erkannte, dass die Belastungen seines Zwangs ihn im Gegenteil von der Erreichung seiner beruflichen Ziele immer weiter entfernten.

Die Vermüllung oder das »Messie-Syndrom« wird fälschlicherweise mit Hort- und Sammelzwängen gleichgesetzt. Eine Vermüllung finden wir jedoch auch bei anderen Zwangsstörungen jenseits der Hort- und Sammelzwänge. Zwänge mit dem Thema Putzen und Hygiene können sich so stark auf bestimmte Aspekte konzentrieren, zum Beispiel auf das Reinigen der Waschbecken, dass als unerwünschtes Nebenprodukt, einfach weil dafür dann die Zeit fehlt, das Reinigen der Wohnung als Ganzes oder das Aufräumen erschwert oder unmöglich wird.

Eine Vermüllung in Folge einer Depression, einer schizophrenen Psychose oder einer Suchterkrankung geht in der Regel mit einer depressiven, vernachlässigten Erscheinung, einem ungepflegten Äußeren und einer Unfähigkeit zu beruflicher Leistung einher. Zwangskranke bemühen sich so lange wie möglich um das Aufrechterhalten einer intakten Fassade und sind unter Arbeitskollegen meistens durch Fleiß und Verlässlichkeit sehr beliebt. Da es am Arbeitsplatz öffentliche Aufmerksamkeit und klare Regeln gibt, ist Desorganisation am Arbeitsplatz bei Menschen mit Zwängen in der Regel zunächst nicht zu finden oder wird von den Betroffenen durch Mehrarbeit ausgeglichen.

Natürlich ist das Urteil darüber, was wir krank und was wir chaotisch nennen, sehr subjektiv. Ich habe immer wieder Menschen mit extremen Leidenschaften kennengelernt, die wir nicht krank und auch nicht zwanghaft nennen können, nur weil sie sich in ihrer Lebensweise von unseren spießigen Maßstäben unterscheiden. Exzessive Sammelleidenschaften zum Beispiel von Briefmarken, Lego-Steinen oder Überraschungseiern, die ohne Anspannung, sondern mit einem subjektiven positiven Freizeitwert verbunden sind und niemanden in der Umgebung belasten, unterscheiden sich von einem Hort- und Sammelzwang, der mit großem Leidensdruck bei Betroffenen und Angehörigen begleitet wird.

Der Zwang, religiöse Dinge wissen zu müssen

Der Zwang, gewisse Dinge wissen zu müssen, dazu gehört auch ein Horten und Sammeln religiöser Inhalte, taucht in der Systematik der Y-BOCS in einer Mischkategorie auf. Ich bezeichne den Zwang, religiöse Dinge wissen zu müssen, als eine Art des »inneren« Hortens und Sammelns und zähle ihn daher zu den Hort- und Sammelzwängen. Den zwanghaften Drang, Dinge wissen zu müssen, habe ich in erster Linie in Situationen beobachtet, in denen Menschen mit komplexen, vielfältigen, widersprüchlichen Informationen konfrontiert werden. Diese unüberschaubaren Wissenslandschaften findet praktisch jeder Student vor, der sich in seinem Fach auf eine Prüfung vorbereitet. Es ist die große Herausforderung zu entscheiden: Was ist wichtig? Was kann ich weglassen?

Auch die Angehörigen der Weltreligionen werden mit einer Fülle manchmal widersprüchlicher Aussagen und Quellen aus mehreren Jahrhunderten konfrontiert. Die Bibel ist ein sehr umfassendes Textwerk, das Menschen mit Neigung zum Zwang ohne theologische Begleitung und ohne Anbindung an eine Glaubensgemeinschaft überfordern kann und zum mentalen Horten und Sammeln verleitet. In der Begegnung mit Menschen, die unter religiösen Zwängen leiden, verblüffte mich stets deren Detailwissen der Bibel. Ihre Kenntnisse übertrafen manchmal sogar die von theologisch gebildeten Profis. Menschen mit einem Wissenszwang haben niemanden, der sie stoppt, wenn sie auf sich allein gestellt die Bibel und andere religiöse Texte lesen.

Dieser Zwang, etwas (sehr genau) wissen zu müssen, ist weitaus weniger bekannt und weniger spektakulär im Vergleich zum Messie-Syndrom, bei dem manchmal Medien, Polizei und Gesundheitsämter auf den Plan gerufen werden. Der Zwang, etwas wissen zu müssen, hat im Grunde die gleichen Strukturmerkmale wie das Messie-Syndrom, zum Beispiel das Bedürfnis, jedes Detail gedanklich festzuhalten und die Erleichterung, wenn das Detail vorhanden ist. Er bietet aber nicht die beeindruckende mediale Kulisse wie das Messie-Syndrom.

Typischerweise entsteht bei zwanghaften Studenten unterschiedlicher Fachrichtungen der Wunsch, alles festhalten und auswendig lernen zu wollen, was aufgrund der Fülle des Stoffes des Fachgebietes völlig unmöglich ist. Vereinzelt habe ich zwanghafte Akademiker kennengelernt, die behaupteten, dass der Zwang des Auswendiglernens ihnen beim Erreichen ihrer Studienziele sehr geholfen habe. Ich bin vom Gegenteil überzeugt. Ich gehe davon aus, dass ein exzessives Auswendiglernen auf Kosten eines selbstbestimmten Verstehens geht. Ähnlich wie eine Wohnung durch zu viele Möbel und Gegenstände erst ungemütlich und schließlich unbewohnbar wird, benötigt Verstehen und Integration von Wissen eine gewisse Zeit. Reines Auswendiglernen ist wie das Speichern von Daten auf einer Festplatte, die selbst nichts davon versteht, was sie speichert.

Viele Studenten, die Jura, Betriebswirtschaftslehre oder auch Theologie studierten, denen ich in der Praxis begegnet bin, haben aufgrund dieser »inneren Vermüllung« ihr Studium abgebrochen. Extremes Auswendiglernen geht, wenn ein gewisser Punkt überschritten ist, auf Kosten der Erkenntnis und des Verstehens eines Textes. Kein Professor kann die von ihm angegebene Pflichtliteratur auswendig, daher konzentriert er seine Fragen in der Prüfung natürlich auch nur auf die wesentlichen Erkenntnisse, die aus der Literatur zu ziehen sind. In den wenigen Fällen, wo Studenten mit einem Wissenszwang ihre Prüfungen erfolgreich bestanden haben, beglückwünsche ich sie besonders, weil sie es trotz ihres Zwangs, der für eine erfolgreiche akademische Laufbahn keine Hilfe, sondern eher eine Behinderung darstellt, geschafft haben.

Symmetrie-, Ordnungs- und Zählzwänge / Magische Zwänge I.

Klinische Definition: Menschen, die immer wieder nach bestimmten, vorgegebenen Mustern zählen müssen, die Glückszahlen bevorzugen, Unglückszahlen meiden, bestimmte Muster an Ordnung und Symmetrie bevorzugen, bis sich das »richtige Gefühl« einstellt, leiden an Symmetrie-, Ordnungs- und Zählzwängen.

Bei diesen Betroffenen entsteht die Anspannung vor allem dadurch, dass sie fest davon überzeugt sind, dass sie selbst eine Katastrophe heraufbeschwören oder dass eine Katastrophe eintritt, wenn Dinge in ihrer Umgebung, eigene Handlungen oder eigene Gedanken Aspekte von »Unvollständigkeit« oder »Falschsein« aufweisen. Mit ordnenden Handlungen oder Zählritualen suchen sie diese Katastrophen abzuwenden.

Gefühle wie Ekel, Angst und Schuld können bei Symmetrie-, Ordnungs- und Zählzwängen ebenfalls auftreten, dieser Zusammenhang ist aber deutlich seltener.

Wir können die Zwänge in dieser Kategorie auch magische Zwänge nennen, da zwischen dem Inhalt des Zwangsgedankens und dem Inhalt der Zwangshandlungen kein logischer Zusammenhang besteht. Magischen Zwängen fehlt die tugendhafte

Fassade, die bei den meisten anderen der vorher beschriebenen Zwänge vorliegt. Tugendhafte Fassade soll heißen, dass zum Beispiel Waschzwänge eine Illusion von Sauberkeit vermitteln, was uns in der Erziehung als Tugend vermittelt wurde. Sicherheit und Moralisches Verhalten bei Kontrollzwängen, Frömmigkeit bei religiösen Zwängen fußen ebenfalls auf der Illusion von Tugenden. Gerade magische Zwänge werden von den Betroffenen, aber auch von vielen unerfahrenen Therapeuten leicht mit der Schizophrenie verwechselt, weil das magisch-irrationale Moment, das allen Zwangsstörungen zu eigen ist, hier besonders offensichtlich wird.

Siebte Fallgeschichte

Herr V. ist Fotobearbeiter und Layouter und liefert freiberuflich für verschiedene Frauenzeitschriften bearbeitete Fotos von Models und prominenten Menschen für die Titelbilder. Bei allen denkbaren Tätigkeiten, die Herr M. ausführt, wie zum Beispiel Kartoffelschälen, kann Herr M. von einem Zwangsgedanken befallen werden wie: »Wenn ich die Kartoffel nicht richtig schäle, geschieht meiner Frau ein Unglück!«

Um dieses befürchtete Unheil abzuwenden, versucht Herr M. die »gute Zahl Drei« in seine Tätigkeit einzuflechten: Einmal rechts-, einmal links- und schließlich noch einmal rechtsherum schälen. Wenn diese Handlung mit dem Zählen der Zahl Drei aufgeht, stellt sich das Gefühl des »Richtigseins« bei ihm ein und der Gedanke, der das Unglück seiner Frau zum Inhalt hatte, gilt als neutralisiert.

Hätte Herr M. an der Kartoffel ein Stück Schale übersehen, sodass er beim Schälen der Kartoffel ein viertes Mal hätte ansetzen müssen, würde dies Anspannung und das Gefühl des Falschseins auslösen und die Angst, dass seiner Frau ein Unglück geschehe durch sein fehlerhaftes, unvollständiges Ritual. Herr M. bezeichnet sich übrigens als nicht religiös.

Auf einer Tagung der Deutschen Gesellschaft Zwangserkrankung fand Herr M. einen anderen Leidensgenossen mit fast identischen Zwängen, der wegen seiner Zwänge im Wald leben musste.

Dieser Betroffene litt unter dem gleichen Zwang wie er selbst, mit dem Unterschied, dass bei diesem ein fehlerhaftes Zählen in einer beliebigen Handlung die Angst vor Gottes Verdammnis auslöste, während die Befürchtung von Herrn M. sich auf das bedrohte Wohl der Ehefrau richtete.

Neben zwanghaftem Zählen kennen wir auch Ordnungszwänge, wie zum Beispiel das Verbot, auf die Fugen von Gehwegplatten zu treten, oder die Verpflichtung, beim Durchschreiten einer Türzarge genau die Mitte zu treffen. Zwanghaftes Zählen, zwanghafte Ordnung und zwanghafte Symmetrie werden von den Betroffenen immer wieder auf *magische* Weise zum Abwenden befürchteter Ereignisse eingesetzt.

Die Wertvorstellungen, die bei den meisten Zwangserkrankten am Anfang ihrer Erkrankung standen, stimmten mit den Wertvorstellungen ihrer Mitmenschen überein. Von Eltern, Lehrern und Seelsorgern wird Sauberkeit, Sorgfalt, Frömmigkeit und dergleichen stets propagiert. Oberflächlich betrachtet sind diese Zwänge sehr tugendhaft und weisen einen gewissen Zusammenhang zur Realität auf: Waschen führt in seiner nicht zwanghaften Form zu mehr Hygiene. Und Kontrollen, wenn sie nicht zwanghaft ausgeführt werden, erhöhen gewöhnlich die Sicherheit in unserem Alltag. Beten und Beichten fördert unsere Nähe zu Gott. Zwangskranke mit nicht magischen Zwängen (zum Beispiel Kontroll- und Waschzwang oder auch manche religiösen Zwänge) behaupten, sie verfolgten mit ihren Zwangshandlungen die gleichen Ziele wie gesunde Menschen. Das ist sicher auch ein Grund, dass sich die nichtmagischen Zwänge zunächst recht unauffällig im Alltag integrieren lassen.

Wie bereits oben erwähnt, stellen Zwänge diese guten Ziele, denen die Handlungen oder Gedanken ursprünglich dienten, wie Sauberkeit, Frömmigkeit, Ordnung, Sicherheit, Sparsamkeit usw. auf den Kopf. Wenn wir in der Therapie diesen Punkt erreicht haben, sage ich meinen Klienten: »Der Zwang hält nicht, was er verspricht, sondern er verursacht meistens sogar genau das Gegenteil!« Ich kann diesen Satz gar nicht häufig genug erwähnen, denn es ist das beste Argument, das ich für die Motivation zum Kampf gegen den Zwang anzubieten habe. Menschen mit Waschzwängen erreichen nicht mehr, sondern weniger Hygiene, weil das extreme Waschen neue Zugangswege für Krankheitserreger schafft. Menschen mit Kontrollzwängen begehen Fehler, weil das exzessive Kontrollieren sie immer stärker verunsichert und die gesamte Aufmerksamkeit für sinnlose Kontrollen beansprucht.

Zwanghaftes Zählen, Symmetrie- und Ordnungszwänge pas-

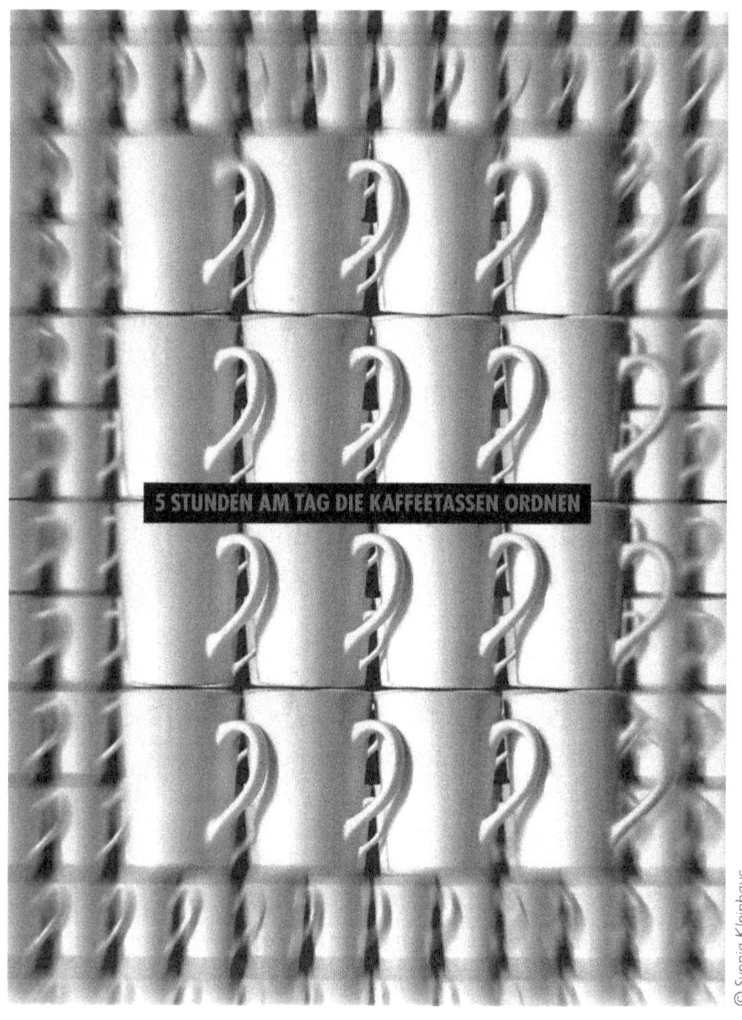

sen als gemeinsame Kategorie insofern zusammen, als dass diese Zwänge magisch sind. Magisch heißt, dass es keinen funktionalen Zusammenhang zwischen dem suggerierten Ziel des Zwanges und der dafür geforderten Zwangshandlung gibt. In unserem Alltag nennen wir solche magischen Zwänge Aberglaube. Aus diesem Grund würde ich die zwanghafte Vermeidung von Unglückszahlen, die in der Y-BOCS in der Kategorie »Vermischtes« aufgeführt ist, ebenfalls den magischen Zwängen zurechnen.

Auch alle anderen Zwänge können eine magische Komponente haben: Das zwanghafte Waschen beispielsweise, das der Neutralisierung von Schuld dient, können wir magisch nennen, weil kein logischer Zusammenhang zwischen Sauberkeit und Verringerung der Schuld bestehen kann. Daher können wir das magische Waschen sowohl den magischen Zwängen als auch den Waschzwängen zuordnen.

Immer dann, wenn das magische Element eines Zwangs im Vordergrund steht, lässt sich der Leitsatz: »Der Zwang hält nicht, was er verspricht, sondern er verursacht meistens sogar genau das Gegenteil!« nicht anwenden. Meistens ist das in diesen Fällen auch gar nicht nötig, weil die Betroffenen hier ohnehin schon einen gewissen inneren Abstand haben, auf dem wir dann therapeutisch aufbauen können. Eigentlich geht es bei jedem Zwang um eine Kontrolle und günstige Beeinflussung der Zukunft, egal ob wir es mit einem religiösen Zwang, Waschzwang, Kontrollzwang oder den hier aufgeführten magischen Zwängen zu tun haben.

Zu Beginn einer Therapie ziehen die Themen Religion, Waschen, Kontrollieren etc. stets sehr viel Aufmerksamkeit auf sich, bis schließlich deutlich wird, dass dieses Zwangsthema eigentlich nur eine zwanghafte Hülle ohne Bezug zur Wirklichkeit ist. Zwanghafte Kontrollen machen nicht sicherer, zwanghaftes Waschen macht nicht sauberer, zwanghaftes Beten und Beichten führt mich nicht zu mehr Nähe zu Gott. Nein, es passiert genau das Gegenteil. Bei magischen Zwängen, wo diese thematische Hülle fehlt, wird deutlich, dass es »nur« um eine magische Kontrolle der Zukunft bzw. um sein Spannungsmanagement beim Zwang geht.

Das magische Zählen, das wir hier finden, unterscheidet sich von einem Zählen, das der Kontrolle dient und damit wieder einen vermeintlich nachvollziehbaren Zweck erfüllt. Als Beispiel für Kontroll-Zählen benenne ich das zwanghafte Nachzählen der Geldbörse. Vordergründig hört sich die Aussage eines Betroffenen: »Ich zähle mein Geld!«, vernünftig an. Das Zwanghafte wird erst deutlich, wenn der Betroffene wahrheitsgemäß einräumt, dass dieses Zählen den ganzen Tag beanspruchen könne. Zählen als Kontrolle ordnet man nicht den magischen Zwängen zu.

Den Begriff Magie setzen wir heute in unserem Alltag ein, wenn wir von einem Zauber oder der Zauberkunst sprechen. Magie leitet sich aus dem lateinischen *magia* ab und dem Altgriechischen *magoi* (μάγοι), das *Weiser* im Deutschen bedeutet. Magische Elemente finden sich in animistischen Naturreligionen, die einerseits als Vorläufer unserer modernen Weltreligionen gelten, andererseits von Naturvölkern auch heute noch praktiziert werden. Magie, zu der wir Nekromantie (Totenbeschwörung), Alchemie, Wahrsagerei, Hexenglauben und dergleichen zählen, wurde im Mittelalter bis hinein in die Neuzeit im christlichen Europa verfolgt und von den Autoritäten der christlichen Glaubensvorstellung nicht als Bestandteil ihrer Religion akzeptiert.

Als Psychologe kann ich nicht entscheiden, ob Theologen »Magie« zur Religion rechnen oder nicht. Je nach religiösem Bekenntnis, Zeitalter und den hierin geltenden Regeln wird die Zugehörigkeit der Magie zur Religion wohl anders beantwortet. Auf jeden Fall sehe ich in klinischen Fällen von Zwangsstörungen eine starke inhaltliche Nähe zwischen Magie und religiös-moralischen Zwängen.

Verschiedene Zwänge / Magische Zwänge II

In dieser Mischkategorie der Y-BOCS befindet sich eine Vielzahl von häufigen Zwängen, die zunächst etwas bunt zusammengewürfelt wirken, die aber mehrheitlich einen magischen Charakter haben, das heißt, dass zwischen den Inhalten von Zwangsgedanken und Zwangshandlung kein funktionaler Zusammenhang besteht. Der bekannte amerikanische Psychologe Skinner (siehe Kapitel 8) würde sagen, dass diese magischen Zwänge keine Kontingenz besitzen.

- Der Drang, etwas (vollständig) sagen zu müssen.
- Der Drang, zu beichten und zu bekennen.
- Die Furcht, Dinge zu verlieren.

- Farben mit bestimmter Bedeutung aufladen. Magisch
- Sich belästigt und bedrängt fühlen durch Töne, Geräusche, Wörter, Musik.
- Aberglauben, wie die Furcht vor der schwarzen Katze, die von links meinen Weg kreuzt. Magisch
- Glaube an Glückszahlen Magisch
- Vermeiden von Unglückszahlen wie der Zahl 13 Magisch
- Zwanghaftes Zählen Magisch
- Das Verbinden von Gedanken mit einer guten Zahl Magisch

Spätestens bei dieser Mischkategorie verschiedener Zwänge machte sich bei mir früher ein mulmiges Gefühl der Überforderung breit: Sind Zwänge im Erscheinungsbild tatsächlich so vielfältig, unübersichtlich, unlogisch und damit schwierig zu behandeln?

Alle hier benannten Zwänge, mit Ausnahme der Furcht, Dinge zu verlieren, können wir primär magisch nennen und damit einer gemeinsamen Kategorie zuordnen. In dieser Kategorie finden wir auch das zwanghafte Beichten, dessen prominentester Betroffener wohl Martin Luther gewesen ist.

Das vermeintlich vernünftige, rationale Element fehlt sowohl bei den magischen Zwängen als auch bei den Zähl-, Symmetrie- und Ordnungszwängen vollständig. Daher werden magische Zwänge von den Betroffenen für besonders »verrückt« gehalten und es ist ihnen besonders peinlich, sich mit dieser unvernünftigen magischen Symptomatik in der Öffentlichkeit zu outen. Aus der Sicht von Betroffenen kann das Fehlen jeglichen Realitätsbezugs die irrige Befürchtung unterstützen, dass sie nicht an einer Zwangsstörung, sondern an einer als schlimmer bewerteten schizophrenen Psychose leiden.

Meine Klienten beruhige ich an dieser Stelle damit, dass Aberglauben auch in unserer modernen Gesellschaft noch sehr verbreitet ist, ohne dass wir von einer Schizophrenie sprechen müssen. Tierheime wissen, dass schwarze Katzen viel schwieriger an Tierliebhaber zu vermitteln sind als andersfarbige. Viele Fluglinien meiden die Verwendung der Zahl »13« bei der Beschriftung von Sitzreihen, ebenso finden wir die »13« als Zimmernummer in Hotels auffallend selten. Ich selbst habe an einem Freitag, den 13., geheiratet und ich habe mich überhaupt nicht darüber gewundert, dass meine Frau und ich an diesem Tag in dem sehr attraktiven und gefragten Ambiente eines Wasserschlösschens, in dem unsere Trauung stattfand, sofort einen Termin bekommen haben, obwohl unsere Entscheidung für die Hochzeit erst sehr kurzfristig gefallen war und diese Örtlichkeit gewöhnlich über Monate ausgebucht ist.

Fazit zur Vielfalt der Zwänge

Ich habe mich bei der Auflistung der bekannten Zwänge für die in der Y-BOCS genannten entschieden, weil die Y-BOCS ein häufig verwendetes Diagnoseverfahren ist und weil sie die Beschreibungen von 55 verschiedenen Arten von Zwängen enthält und uns einen Eindruck über die ungeheure Vielfalt gibt, die bei Zwängen möglich ist. Andere bekannte diagnostische Fragebögen unterscheiden deutlich weniger Kategorien. Beispielsweise werden im Hamburger Zwangsinventar (HZI) lediglich 8 Zwangskategorien abgefragt.

Aber selbst die hier vorgestellte, großzügige Auflistung ist nicht vollständig. Einige Betroffene entwickeln eine verwirrende Vielfalt an Zwängen, die noch über diese Auflistung hinausgeht. Es gibt seltene Formen der Zwangserkrankung, die durch das Raster einer statistischen Zählung fallen, zum Beispiel ein Zwang, Wasser zu trinken, ein Schluckzwang, ein Zwang, rückwärts zu denken usw., die in der Y-BOCS nicht aufgeführt werden.

Die Konditionierungstheorien in der Art von Skinner und Mowrer (siehe Kapitel 8) legen ebenfalls eine große Vielfalt von Zwängen nahe, weil in diesen Theorien jedes Verhalten, das mit einer positiven oder negativen Verstärkung bekräftigt wird, sich zu einem Zwang oder zu einem Aberglauben auswachsen kann.

6. Der Verlauf von Zwangserkrankungen

Alle wissenschaftlichen Untersuchungen zu Beginn, Ursachen und Verlauf von Zwangserkrankungen haben eine grundsätzliche Schwäche: Die in der Gegenwart durchgeführten Erhebungen fragen Ereignisse ab, die viele Jahre oder gar Jahrzehnte zurückliegen. Das gleiche Problem haben Therapeuten, wenn sie in ihren klinischen Befragungen nach eventuellen Ursachen forschen, beispielsweise nach Konflikten in der Kindheit oder nach der Art der Erziehung. Die Erinnerungen unserer Klienten sind, ebenso wie unsere eigenen Erinnerungen, stets lückenhaft. Sie werden sehr stark von unserem aktuellen seelischen Befinden beeinflusst und verblassen mit den Jahren. Erinnerungslücken werden mit plausiblen Annahmen aufgefüllt, ohne dass wir dies bemerken.

Fast sämtliche der mir bekannten Theorien in der Verhaltenstherapie oder in der Psychoanalyse über die Ursachen von Zwangserkrankungen leiden unter einer zu großen zeitlichen Distanz und an einem Mangel an objektiven Daten, um den Anspruch einer exakten Wissenschaft zu erfüllen.

Die Einsicht in den Verlauf einer Zwangserkrankung entwickeln Betroffene, wenn alles optimal gelaufen ist, in einer guten Psychotherapie. Die Qualität der Daten der in diesem Kapitel vorgestellten Studien hängt sehr von der Dauer der Zwangsstörung, der Reflexionsfähigkeit des Betroffenen und der Qualität einer möglicherweise stattgefundenen Therapie ab. All diese Faktoren sind von Fall zu Fall sehr unterschiedlich. Schätzungsweise 90 Prozent aller Zwangskranken sind völlig therapieunerfahren und können kaum sichere Angaben über Beginn, Verlauf und Umfang ihrer Zwänge machen.

Gewöhnlich höre ich von meinen Klienten, wenn ich sie in einem Erstgespräch nach ihren Zwängen frage, dass sie den genauen Beginn ihrer Zwänge kaum benennen können. Im Bericht werden immer wieder konkret erinnerbare Einschnitte im Berufs- oder im Privatleben (zum Beispiel Geburt eines Kindes, Arbeitslosigkeit, Todesfälle, Bundeswehr oder Zivildienst) genannt, die zu einer Verschlechterung und Bewusstwerdung der Zwänge geführt haben. Im Laufe der Therapie wird aber meistens deutlich, dass der eigentliche Beginn der Zwangsstörung lange vor diesen Einschnitten angesiedelt ist.

Alter des ersten Auftretens der Zwangserkrankung

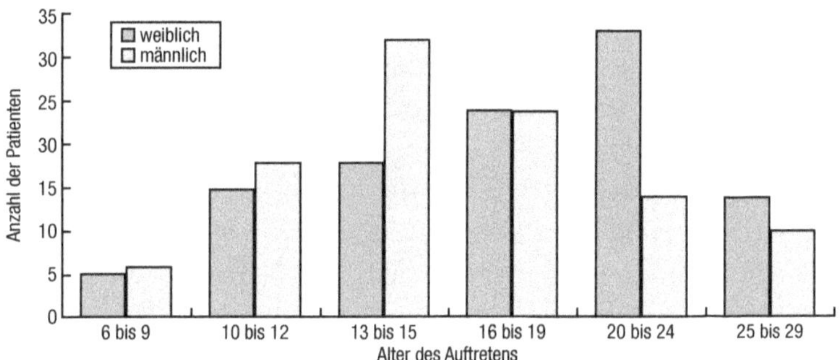

Nach Goodman et al., Yale-Brown Obsessive Compulsive Studie

In der oben genannten Untersuchung von Goodman et al.[9] sehen wir ein erstes Auftreten von Zwängen im Alter von vier bis sechs Jahren, eine Steigerung in der Pubertät und ein allmähliches Abklingen des ersten Auftretens im jungen Erwachsenenalter. Mit zunehmendem Erwachsenenalter wird ein Erstauftreten immer unwahrscheinlicher. Jungen (rechte Säulen) erleben den Gipfel des ersten Auftretens in der Pubertät, bei Mädchen (linke Säulen) ist ein Erstauftreten von Zwängen im jungen Erwachsenenalter typisch. Delorme et al.[10] kommen aktuell zu ganz ähnlichen Ergebnissen. Je früher der Beginn einer Zwangsstörung, desto größer der negative Einfluss auf soziale Kompetenzen, die in diesen Phasen erworben werden und desto ungünstiger die Prognose der Krankheitsentwicklung.

Das heißt, wenn ein Klient, wie es häufig geschieht, sich erst im Alter von vierzig Jahren bei mir in der Therapie vorstellt, ist es wahrscheinlich, dass er bereits eine Krankengeschichte von mindestens zwanzig Jahren hinter sich hat. Dabei lerne ich Menschen mit einer Zwangserkrankung kennen, die zuvor eine echte Odyssee mit den unterschiedlichsten wenig hilfreichen oder gar schädlichen Therapieansätzen durchlitten haben. Eine weitere recht große Gruppe an Menschen sucht lange Zeit keine therapeutische Hilfe, sondern benötigt viele Jahre, bis sich bei ihnen eine Einsicht in ihre Zwangserkrankung entwickelt. Weitere Jahre vergehen, bis sie sich zu einer Behandlung beim Psychiater oder Psychologen durchringen.

In der Öffentlichkeitsarbeit und in der Zusammenarbeit mit professionellen Helfern wie Ärzten, Psychotherapeuten, Pfarrern, Religionslehrern und Seelsorgern sehe ich die beste Möglichkeit, um diese Zeit erheblich zu verkürzen und die Prognose der Betroffenen stark zu verbessern.

Die erste Fallgeschichte von Herrn G. F. ist gerade deshalb so traurig, weil Herr F. heute auf fünf bis sechs Jahrzehnte mit der Zwangserkrankung zurückblickt. Ich bin fest davon überzeugt, dass Herr F. eine viel bessere Entwicklung hätte nehmen können, wenn er bereits in jungen Jahren einen Seelsorger oder einen Psychotherapeuten gefunden hätte, der sich mit Zwangsstörun-

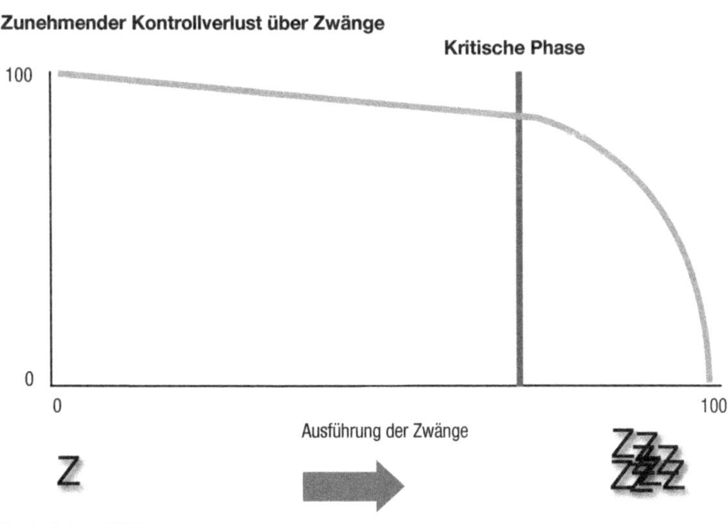

Ciupka-Schön, 2017[11]

gen auskennt. Im letzten Teil dieses Buches (siehe Kapitel 10) stellt sich ein ehemaliger Klient von mir vor, bei dem die Entwicklung recht erfreulich verlaufen ist. Ich vermute, dass der in diesem Fall günstigere Verlauf sehr stark von dem früheren Beginn einer zielführenden Therapie bestimmt wurde.

Die Grafik oben gibt den von mir am häufigsten beobachteten stetigen Verlauf einer Zwangsstörung (zum Beispiel Waschen, Kontrollieren, Sammeln) wieder: Er wird als eine zunächst langsam zunehmende Unfreiheit beschrieben, die bereits in früher Jugend begann. Je häufiger Zwänge ausgeführt werden (die x-Achse entspricht der zunehmenden Ausführung von Zwangsgedanken, Anspannung und Zwangshandlungen über die Zeit), desto mehr nimmt die Unfähigkeit zu, selbst zu entscheiden, (y-Achse = Beherrschung der Zwänge), ob ein neutralisierendes Ritual ausgeführt werden soll oder nicht. Vermutlich ist dieser Zeitfaktor verantwortlich für die zunehmende Verknüpfung von Neuronen zu zwanghaften Bahnungen im Gehirn. Die Entscheidungsfähigkeit nimmt zunächst langsam ab und reduziert sich dann immer schneller. Schließlich gibt es keine freie Entscheidung mehr, der entsprechende Graph tendiert gegen null und das gesamte Lebensumfeld wird durch Zwänge dominiert.

Religiös-moralische Zwänge setzen im Erleben plötzlich ein und werden von den Betroffenen in ihrem Verlauf noch dramatischer beschrieben. Sie zeichnen sich von Beginn an durch Ich-Dystonie und erlebten starken Kontrollverlust aus. Betroffene sagen, dass der Gedanke an eine Todsünde, an Blasphemie oder an Gottes Verdammnis umfassender sei. Es ist nicht möglich, Gott über sein Urteil im Hier und Jetzt zu befragen. Während die Katastrophen bei den klassischen Zwängen, zum Beispiel bei dem Drang, etwas gegen Verschmutzung zu tun, mit dem Tod ihre Erlösung finden, geht es bei religiösen Zwängen nach dem Tod erst richtig los, wenn nämlich angenommen wird, dass dann Gottes Strafe wartet. Dies wird von den Betroffenen als eine zusätzliche Belastung gesehen.

Für die Beschreibung des Verlaufs von Zwängen finden wir sowohl in Studien (z. B. Skoog und Skoog[12]) als auch in unseren

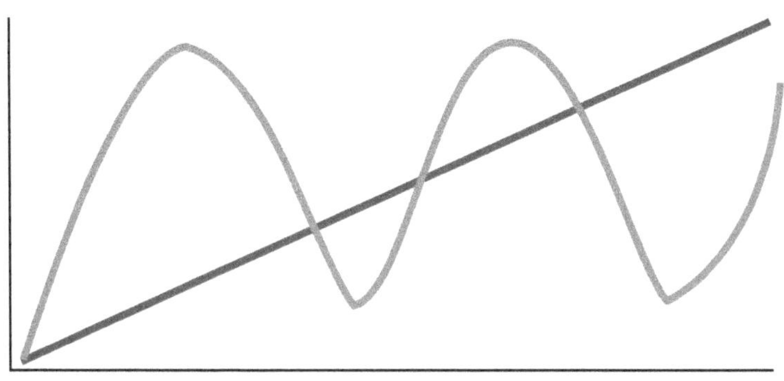

Ciupka-Schön und Futschek (2016)[13]

Therapiegesprächen zwei etwa gleich große Gruppen von Verlaufstypen:

- Betroffene mit langsamer, stetiger Zunahme der Symptomatik (Chronischer Verlauf)
- Betroffene mit phasenweisen oder schubartigen Verläufen (Episodischer Verlauf)

Episodische und Chronische Verlaufsmuster bei Zwangserkrankungen

Es fehlt bisher eine einheitliche wissenschaftlich gesicherte Erklärung für die unterschiedlichen Verlaufstypen. Psycholo-

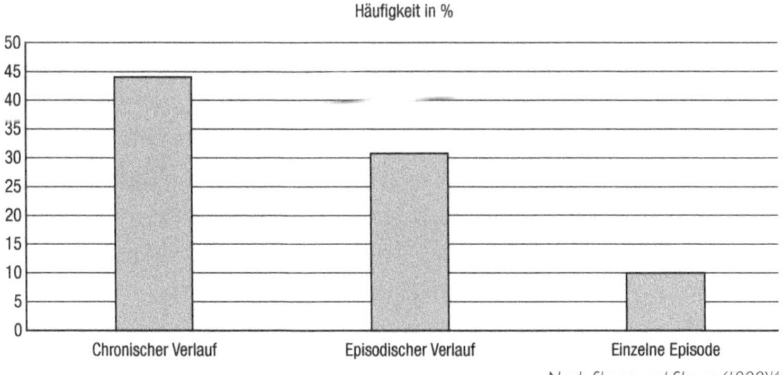

Nach Skoog und Skoog (1999)[14]

gisch plausibel ist die Verbindung des chronischen Verlaufstyps mit dem Muster einer ich-syntonen Zwangsstörung.

Episodische Verlaufstypen bei Zwängen beobachten Therapeuten in Verbindung mit Stress oder belastenden Lebensereignissen. Bei starker Zunahme von Stress nehmen auch Zwänge zu. Die Abnahme von Zwängen geht einher mit Entspannung und Stressbewältigung.

Eine zweite psychologische Erklärung für den episodischen Verlauf liefern plötzlich einschießende ich-dystone Zwangsgedanken (zum Beispiel: »Ich habe Gott beleidigt, daher erwartet mich Gottes Verdammnis« oder: »Ich habe gedacht, ich will meine Tochter ermorden. Und so etwas zu denken, bedeutet, dass ich das auch tun werde.«). Eine zu strenge religiöse Erziehung ist wahrscheinlich eine wichtige Ursache dafür, dass der Gedanke, Gott beleidigt zu haben, übermäßig ernst genommen wird. Solche Zwangsgedanken lösen bei den Betroffenen einen großen Schrecken und eine verzweifelte Gegenwehr und damit immer mehr Zwangsgedanken aus. Andere kurzfristige Ursachen sind kritische belastende Lebensereignisse, langfristige Ursachen sind genetische Faktoren und eine selbstunsichere Persönlichkeit.

Es ist im Moment wissenschaftlich völlig unklar, wie stark sich religiös-moralische Zwänge als eigenständige Kategorie gegenüber anderen Zwangsstörungen behaupten. Betroffene mit religiös-moralischen Zwängen vertreten oft die Auffassung, dass sich ihre Zwänge signifikant von den sogenannten klassischen Zwängen unterscheiden, womit Zwänge gemeint sind, die jeder von uns aus den Medien kennt, wie das übertriebene zwanghafte Ordnen, Symmetrienherstellen, Horten, Sammeln und natürlich das zwanghafte Waschen und Kontrollieren. Wenn das richtig ist, müssten religiös-moralische Zwänge unter anderem eine eigenständige Verlaufscharakteristik aufweisen. Möglicherweise sind aggressive religiös-moralische Zwangsgedanken (z. B. Blasphemie Gottes) mit höherer Ich-Dystonie versehen. Religiöse Zwänge, die religiöse Rituale und Tabus zum Vorbild haben und die sich aus deren Übertreibung entwickelten, zeichnen sich wahrscheinlich zunächst durch eine große Ich-Syntonie aus, gehen aber später über in Ich-Dystonie, wenn durch zwanghafte Exzesse die Liebe zu und der Respekt vor Gott sich in reine Furcht verwandelt haben und wenn ein spirituell erfülltes Leben mit einer Nähe zu Gott unmöglich geworden ist.

Aufgrund der hohen Ich-Dystonie heben sich die aggressiven, religiös-moralischen Zwangsgedanken aber stärker von allen Gedanken ab, auch wenn sie eingebettet sind in eine langfristige chronische Entwicklung ich-syntoner Zwänge, die weniger offensichtlichen Leidensdruck verursachen und sich eher im Hintergrund befinden. Gemeinsamer Kern aller Zwänge ist, dass der betroffene Mensch sich selbst nicht traut und dass es um ein Spannungsmanagement geht. Bezüglich dieser Aspekte fügen sich religiöse Zwänge in die Reihe der klassischen Zwänge ein.

Zukünftige Forschung müsste beantworten, ob religiös-moralische Zwänge andere Behandlungsmethoden erfordern, was die Einordnung in eine eigene Kategorie rechtfertigen würde. Und schließlich wäre für die Forschung die Frage interessant, ob religiös-moralische Zwänge eher isoliert oder in Gesellschaft mit anderen Zwangsstörungen auftreten. Aufgrund meiner klinischen Erfahrung gehe ich im Moment davon aus, dass religiös-moralische Zwänge eher in Gesellschaft mit anderen Zwängen auftreten. Auch die Notwendigkeit eigenständiger Behandlungsmethoden kann ich im Moment nicht bestätigen. Solange nicht ein wissenschaftlicher Vergleich mit einer ausreichend großen Stichprobe die Eigenständigkeit religiöser Zwänge im Verlauf und in medizinischer und in psychologischer Behandlung im Vergleich zu den übrigen klassischen Zwängen belegt, sehe ich religiös-moralische Zwänge und alle übrigen Zwänge therapeutisch als eine Einheit.

Vertiefend lässt sich Folgendes sagen: Zu Beginn eines chronischen Verlaufs der klassichen Zwänge sehen wir Therapeuten meistens eine milde Ausprägung der zwanghaften Krankheitssymptome. Durch den milden Beginn ab dem 16. bis 21. Lebensjahr ist es schwierig, einen konkreten Anfangspunkt zu benennen. Nach etwa fünf Jahren entwickelt sich langsam eine Steigerung der Symptome mit zunehmendem Kontrollverlust und Krankheitswertigkeit. Die »doppelte Buchführung« oder

der Ausdruck »verrückt bei klarem Verstand« beschreiben einen Zustand innerer Spaltung. Der Verstand sagt den Betroffenen, dass ihre zwanghaften Vorstellungen falsch sind, dagegen sagt das Gefühl, dass die zwanghaften Vorstellungen richtig sind. Daraus folgen zunehmende Anstrengungen, die Symptome zu verheimlichen, weil die Betroffenen wissen, dass ihre zwanghaften Vorstellungen von den Menschen in ihrer Umgebung nicht geteilt werden.

Mit der Zeit kommt es zu einem sozialen Rückzug, dessen Funktion es unter anderem ist, die Zwänge auszuleben, ohne beobachtet und ohne von gesunden Menschen in der Ausführung gestört zu werden. Nach weiterer Zunahme des Leidensdrucks beginnt nach circa 10 Jahren die Suche nach therapeutischer Hilfe, nach Selbsthilfegruppen, nach Informationsmaterial. Und es beginnt ein sozialer Vergleich mit den gesunden Menschen in der Umgebung. Leider ist in vielen Regionen Deutschlands noch keine professionelle Behandlung von Zwängen mit einer engen Verzahnung stationär-ambulanter Therapie und Selbsthilfe möglich. Zudem gibt es noch viele Behandler, die sich nicht optimal auskennen in der Behandlung von Zwangserkrankten. Ein dritter Grund ist, dass die Betroffenen teilweise die Angebote einer zielführenden Therapie nicht ausreichend nutzen, weil sie nach dem Motto »Wasch mich, aber mache mich nicht nass!« eine Therapie mit möglichst geringer Belastung und Nebenwirkung suchen. Daher kommt es in den folgenden Jahren häufig zu einer therapeutischen Odyssee.

Bei Menschen mit religiös-moralischen Zwängen sind Geistliche und Seelsorger fast stets die erste Station auf der Suche nach Hilfe. Wenn Seelsorger und Betroffene sehr lange brauchen, um den krankhaften Charakter einer Zwangsstörung zu erkennen, verlängert sich der Leidensweg und es verschlechtert sich die Prognose. Öffentlichkeitsarbeit und die Zusammenarbeit der Seelsorger mit Psychotherapeuten, Ärzten und anderen professionellen Helfern sind Möglichkeiten zur Früherkennung von Zwangserkrankungen und tragen dazu bei, Chronifizierungen vorzubeugen.

Typischer Verlauf einer Zwangserkrankung

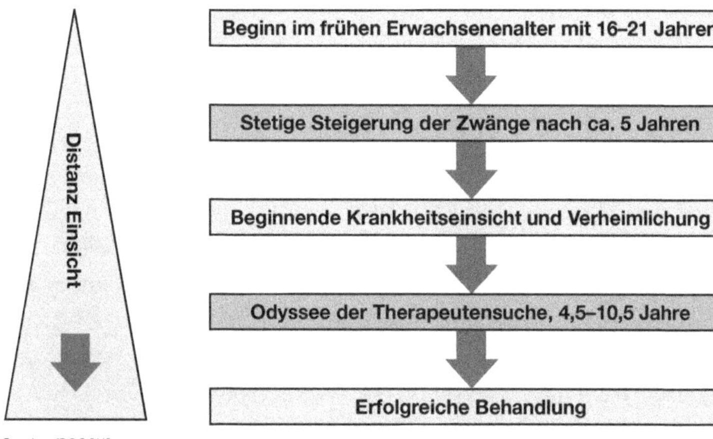

Ciupka (2000)[15]

7. Internationale diagnostische Standards für Zwangserkrankung im ICD-10

Die Weltgesundheitsorganisation (WHO) hat mit dem ICD-10 (Internationale statistische Klassifikation der Krankheiten und verwandter Gesundheitsprobleme, Version 2017, Systematisches Verzeichnis, 10. Revision, German Modification) auf höchstmöglichem wissenschaftlichem Niveau ein international akzeptiertes Diagnosesystem entwickelt, das auf einheitlichen Richtlinien zur Klassifikation von Krankheiten und Gesundheitsproblemen beruht. Das ICD-10 als diagnostische Klassifikation der WHO dient der internationalen Forschung, der Kommunikation von Experten im Gesundheitswesen und als Grundlage für gesundheitspolitische Entscheidungen in den verschiedenen Ländern der Welt. Das ICD-10 ist damit die oberste Referenz bei der Feststellung von Krankheiten.

Im ICD-10 ist die Zwangsstörung mit verschiedenen Diagnoseschlüsseln aufgeführt:

> F42.- Zwangsstörung:
> Wesentliche Kennzeichen sind wiederkehrende Zwangsgedanken und Zwangshandlungen. Zwangsgedanken sind Ideen, Vorstellungen oder Impulse, die den Patienten immer wieder stereotyp beschäftigen. Sie sind fast immer quälend, der Patient versucht häufig erfolglos, Widerstand zu leisten. Die Gedanken werden als zur eigenen Person gehörig erlebt, selbst wenn sie als unwillkürlich und häufig abstoßend empfunden werden. Zwangshandlungen oder -rituale sind Stereotypien, die ständig wiederholt werden. Sie werden weder als angenehm empfunden noch dienen sie dazu, an sich nützliche Aufgaben zu erfüllen. Der Patient erlebt sie oft als Vorbeugung gegen ein objektiv unwahrscheinliches Ereignis, das ihm Schaden bringen oder bei

dem er selbst Unheil anrichten könnte. Im Allgemeinen wird dieses Verhalten als sinnlos und ineffektiv erlebt, es wird immer wieder versucht, dagegen anzugehen. Angst ist meist ständig vorhanden. Werden Zwangshandlungen unterdrückt, verstärkt sich die Angst deutlich.

Im Weiteren werden im ICD-10 der WHO drei verschiedene Diagnosen bei den Zwängen beschrieben:

F42.0 Vorwiegend Zwangsgedanken oder Grübelzwang:
Diese können die Form von zwanghaften Ideen, bildhaften Vorstellungen oder Zwangsimpulsen annehmen, die fast immer für die betreffende Person quälend sind. Manchmal sind diese Ideen eine endlose Überlegung unwägbarer Alternativen, häufig verbunden mit der Unfähigkeit, einfache, aber notwendige Entscheidungen des täglichen Lebens zu treffen. Die Beziehung zwischen Grübelzwängen und Depression ist besonders eng. Eine Zwangsstörung ist nur dann zu diagnostizieren, wenn der Grübelzwang nicht während einer depressiven Episode auftritt und anhält.

F42.1 Vorwiegend Zwangshandlungen [Zwangsrituale]:
Die meisten Zwangshandlungen beziehen sich auf Reinlichkeit (besonders Händewaschen), wiederholte Kontrollen, die garantieren, dass sich eine möglicherweise gefährliche Situation nicht entwickeln kann, oder übertriebene Ordnung und Sauberkeit. Diesem Verhalten liegt die Furcht vor einer Gefahr zugrunde, die den Patienten bedroht oder von ihm ausgeht; das Ritual ist ein wirkungsloser oder symbolischer Versuch, diese Gefahr abzuwenden.

F42.2 Zwangsgedanken und -handlungen, gemischt

Die hier im Originaltext beschriebenen Kriterien des ICD-10 sind als Printmedien erhältlich und können jederzeit im Internet eingesehen und heruntergeladen werden. Kriterien des ICD-10 für Zwangserkrankungen sind Ergebnis einer internationalen

Expertenkommission. Ziel ist es, dass Experten in ihrer Kommunikation auf international einheitliche Beschreibungen von Krankheiten zurückgreifen können. Die Definitionen im ICD-10 sind einfach, eindeutig und für die Experten aller Fachrichtungen im Gesundheitswesen verständlich. Auch Laien werden in der Regel nicht überfordert. Bewertungen durch politische und religiöse Weltanschauungen wurden vermieden. Unbewiesene Modellvorstellungen, Theorien und Begriffe, die auf eine bestimmte therapeutische Methode oder Schule aufbauen, wurden ausgeschlossen.

Hier ein Beispiel, um den Charakter des ICD-10 verständlich zu machen: Das ICD-10 verzichtet auf den früher häufig verwendeten Begriff »Zwangsneurose« und tatsächlich ist dieser Begriff unter Ärzten und Psychologen kaum noch in Gebrauch. Heute verwenden Kollegen mit gleicher Bedeutung die Begriffe »Zwangsstörung« und »Zwangserkrankung« oder auch einfach »Zwänge«. Der Wegfall des populären Begriffs »Zwangsneurose« im ICD-10 erklärt sich aus der Absicht nach Neutralität und der Vermeidung einer inhaltlichen Nähe zu der Freud'schen Neurosenlehre. Zwar wird die Freud'sche Neurosenlehre wohl auch heute noch von Kollegen mit psychoanalytischem oder tiefenpsychologischem Ansatz vertreten. Psychologen mit einem verhaltenstherapeutischen Ansatz und Ärzte mit neurobiologischem Hintergrund neigen aber eher zu den Begriffen Zwangsstörung oder Zwangserkrankung, mit dem auch Psychoanalytiker oder Verhaltenstherapeuten leben können. Diese aktuellen Begriffe im ICD-10 bemühen sich um Neutralität in Bezug auf Ursachenmodell, Berufsgruppe und Behandlungsmethode.

Das ICD-10 erwähnt Waschen, Ordnen und Kontrollieren als mögliche Formen der Ausgestaltung von Zwängen und vernachlässigt dabei die enorme Vielfalt von Zwangsstörungen, die ich hier im Buch bereits vorgestellt habe. Die Formulierungen im ICD-10 lassen aber Offenheit für die große Vielfalt von Zwangsstörungen zu, wie sie in der Y-BOCS und anderen Diagnosesystemen beschrieben werden. Religiös-moralische Zwänge werden im ICD-10 nicht ausdrücklich erwähnt, werden aber von allen bekannten Autoren den Zwangsstörungen zugerechnet.

Auch von Kolleginnen und Kollegen, die Zwänge behandeln, habe ich bisher stets die Meinung gehört, dass sie religiös-moralische Zwänge zu den klassischen Zwängen zählen und bei der Therapie die gleichen Strategien verwenden. Diese Annahme einer Einheit aller Zwänge bedeutet, dass alle Erkenntnisse (Ursachen, Behandlung etc.), die wir heute zum Thema Zwangserkrankung in der Wissenschaft und in der klinischen Erfahrung gewonnen haben, ihre Gültigkeit auch bei den religiös-moralischen Zwängen beanspruchen. Wir würden die gleichen Medikamente in den gleichen Dosierungen einsetzen und die Empfehlung einer kognitiven Verhaltenstherapie bzw. Reizkonfrontation mit Reaktionsverhinderung würde auch für die religiösen Zwänge gelten.

Es gibt eine Reihe von Störungen, die den Zwangserkrankungen sehr ähnlich sind, die im ICD-10 eigenständige Kategorien zugewiesen bekommen haben. Hierzu zählen die Magersucht, die man auch als zwanghaftes Vermeiden von Nahrung bezeichnen könnte, oder die Trichotillomanie, das zwanghafte Ausreißen von Haaren. Diese und andere eigenständige Störungen bezeichnen Rasmussen und Eisen[16] als Störungen im Zwangsspektrum. Religiös-moralische Zwänge als eigenständige Kategorie sind weder im ICD-10 noch bei Rasmussen und Eisen im Spektrum der Zwangsstörungen aufgeführt.

Die sicher notwendige Beschränkung im ICD-10 auf wissenschaftlich gesicherte Fakten geht auf Kosten des Verstehens von Zwangserkrankungen. Ich betrachte das ICD-10 als ein sicheres Fundament, auf dem ich notwendigerweise weitere diagnostische und therapeutische Überlegungen aufbaue. Diagnostisch und therapeutisch benötigen wir aber noch zusätzliche Symptombeschreibungen und Modellvorstellungen, um Zwänge erfolgreich zu verstehen und zu behandeln. Ich werde nun einige Modellvorstellungen aus meiner persönlichen klinischen Erfahrung vorstellen, die den Nachteil haben, dass sie im Moment wohl noch auf wissenschaftliche Beweise warten müssen.

Zwangsgedanken und -handlungen

Auftreten von Zwangshandlungen und Zwangsgedanken

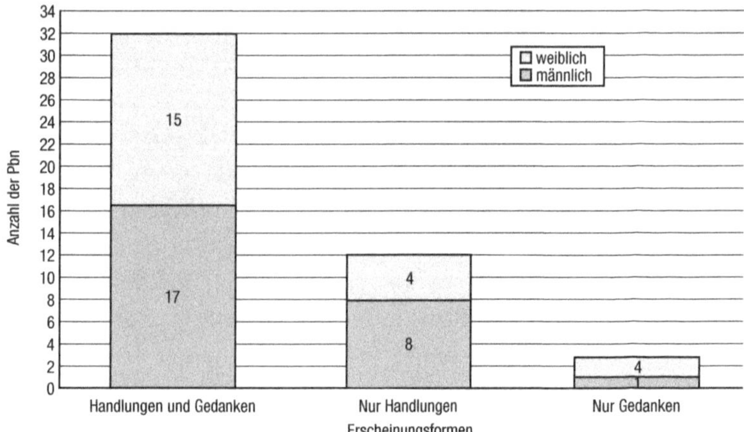

In einer Mitgliederbefragung der Deutschen Gesellschaft Zwangserkrankung gaben 32 Personen an, unter einer Mischung von Zwangsgedanken und -handlungen zu leiden, 12 Personen gaben ausschließlich Zwangshandlungen und 5 Personen gaben ausschließlich Zwangsgedanken als ihr Problem an.

Meine eigene Arbeit mit vielen Zwangserkrankten bestätigt auf den ersten Blick tatsächlich diese Dreiteilung. Wenn Betroffene ihre Probleme erstmals schildern, nehmen einige diese Unterscheidung für sich vor. Die genauere Betrachtung des Zwanges im Verlauf der Therapie zeigt jedoch, dass praktisch niemals Zwangsgedanken oder Zwangshandlungen isoliert auftreten. Vielmehr ist es so, dass die zugehörigen Zwangshandlungen, die der Neutralisierung der Zwangsgedanken dienen, verdeckt und unbewusst ausgeführt werden. Stehen Zwangshandlungen im Vordergrund, gibt es nach meiner Beobachtung stets einen Zwangsgedanken, der verdeckt und unscheinbar für Anspannung sorgt. Es existiert stets ein System aus Anspannung, Zwangsgedanken und Zwangshandlungen, das sich gegenseitig aufschaukelt.

Ich nenne dieses einfache System den »Teufelskreis des Zwanges«, den ich im folgenden Kapitel vorstelle. Da ich immer das

Zusammenwirken von Zwangsgedanken, negativer Anspannung und Zwangshandlungen sehe, vergebe ich seit Jahren stets die Diagnose Zwangsgedanken und -handlungen gemischt (F42.2). Ich gehe davon aus, dass Zwangshandlungen und Zwangsgedanken stets gemeinsam auftreten, die im ICD-10 vorgenommene Unterscheidung separater Kategorien ist nach meiner Einschätzung ein diagnostisches Artefakt. Das liegt vermutlich daran,

- dass einige mentale Zwangshandlungen (zum Beispiel geistiges Zählen, Beten) von den Betroffenen als Zwangsgedanken bezeichnet werden, obwohl sie in Wirklichkeit Zwangshandlungen sind. Als Zwangshandlungen bezeichne ich alle Handlungen (Rückversicherung, Tabu, Rituale und mentale Rituale), die der Neutralisierung von negativer Anspannung dienen.
- dass die meisten Zwangshandlungen und Zwangsgedanken ich-synton, also zum eigenen Ich gehörig, und damit kaum als Zwang wahrgenommen werden. Bewusst ist den Betroffenen bei der ersten Diagnosestellung nur ein kleiner Teil ihrer Zwänge. So werden vor allem die Zwänge benannt, die ich-dyston sind und damit als besonders störend empfunden werden.
- dass Zwänge (Gedanken und Handlungen) über Jahre ausgeübt wurden und daher durch eine automatische Handlungskontrolle und nicht mehr durch das Bewusstsein gesteuert werden. Durch die bewusstseinsferne Steuerung fällt es auch schwer, diese Zwänge zu verbalisieren. Ich-syntone Zwänge, Zwänge mit einem hohen Grad an Automatisierung haben eine Ferne zum Bewusstsein und fallen daher bei Studien nicht ins Gewicht.

8. Ursachen und Entstehung von Zwängen aus Sicht der Lernpsychologie

Skinner und die abergläubischen Tauben

Eine wissenschaftliche Bearbeitung der Themen Aberglaube und Magie ist in der psychologischen Forschung wohl sehr selten. Ausgerechnet Burrhus Frederic Skinner (1904 bis 1990), der als prominentester Vertreter des radikalen Behaviorismus gilt und damit einen sehr rationalen Ansatz vertritt, versuchte mit seiner Arbeit »Superstition« in the pigeons[17] mit der operanten Konditionierung, genauer dem Autoshaping, eine rationale behavioristische Erklärung für die höchst irrationalen Themen Aberglaube und Magie zu finden.

Das Experiment: Skinner setzte sechs Tauben in seine Skinner-Box. Die berühmt gewordene Skinner-Box war eine Kiste mit kleinen Hebeln, die von den zu beobachtenden Tauben oder Ratten betätigt wurden. Dem Forscher gab dies die Möglichkeit der perfekten Kontrolle seiner Beobachtungen. Skinner interessierte sich für das Verhalten der Tiere (Druck auf eines der Hebelchen) in Abhängigkeit zu Verstärkern in Form von Futterpillen.

In unserem speziellen Fall gab Skinner den Tauben alle 15 Sekunden eine Verstärkung in Form von Futterpillen, unabhängig von dem beobachtbaren Verhalten der Tauben.

Die Beobachtung: Bei einigen Tauben entwickelte sich eine bizarre Zunahme von Picken, bei anderen steigerte sich das Flügelschlagen exzessiv.

Skinner folgerte: Die Tauben wurden ganz unsystematisch für ihr artspezifisches Verhalten (Flügelschlagen, Picken ….) bekräftigt. Skinner vermutete einen engen raumzeitlichen Zusammenhang zwischen den Verstärkern (Futter) und dem artspezifischen Verhalten (Picken und Flügelschlagen) der Tauben. Das heißt nach Skinners Interpretation: Wenn eine Taube zufällig beim Picken in unmittelbarer zeitlicher Nähe eine Futterpille erhielt, zeigte diese Taube im Anschluss häufiger ihr artspezifisches Pick-Verhalten, weil die Futterpille als Verstärker mit dem Picken zeitlich verknüpft wurde. Eine zufällige zeitnahe Verknüpfung mit Flügelschlagen bekräftigte wiederum dieses Verhalten und so weiter.

Ein enger funktionaler Zusammenhang, in Skinners Lernpsychologie *Kontingenz* genannt, muss also nicht vorhanden sein, um einen Lernprozess in Gang zu setzen. Dies zeigt der beschriebene Versuch. Vielmehr erklärt Skinner das magisch und abergläubisch anmutende Verhalten der Tauben durch die zufällige zeitliche Nähe zwischen dem artspezifischen Verhalten und dem Verstärker, die *Kontiguität* genannt wird. Je näher Verstärker und verstärktes Verhalten zeitlich zusammenrücken, desto mehr wird das gelernte Verhalten vom Verstärker bestimmt. Skinner sah in dieser Form des Lernens die Erklärung für Aberglaube, Glücksspiel oder magische zwanghafte Rituale. Und damit auch für die Vielfalt der Erscheinungsformen, die wir bei Zwängen finden.

Zwei-Faktoren-Modell für Zwänge von Mowrer

Orval Hobart Mowrer[18] wandte die Prinzipien der klassischen und operanten Konditionierung in seinem Zwei-Faktoren-Modell (1960) auf die Zwangsstörung an und lieferte der Verhaltenstherapie eine Theorie für die Erklärung vieler psychischer Störungen, insbesondere von Angststörungen und Zwangsstörungen. Mit dem Zwei-Faktoren-Modell begründen viele Verhaltenstherapeuten die Wirksamkeit von Reizkonfrontationen bei Zwangsstörungen.

Wie stellte sich Mowrer die Konditionierung von Zwängen vor?

1. Faktor: Zwang-Entstehung durch Klassische Konditionierung
Ein aversiver unkonditionierter Reiz (UCS, z.B. Angst vor Krankheit), der auf eine natürliche Weise eine unkonditionierte Reaktion (UCR, z.B. Angst und Ekel) hervorruft, wird an einen neutralen Stimulus gekoppelt (NS, z.B. Türklinke) und macht dadurch den ursprünglichen neutralen Stimulus Türklinke zu einem konditionierten Stimulus (CS, z.B. Türklinke = Angst vor Krankheit). Der konditionierte Stimulus Türklinke ruft nach der Konditionierung eine konditionierte Reaktion (CR, z.B. Angst und Ekel) hervor.

2. Faktor: Zwang-Aufrechterhaltung durch Operante Konditionierung
Verhaltensweisen (R = Händewaschen und Rückversicherung), die die Begegnung mit dem konditionierten Stimulus (CS, z.B. Türklinke = Angst vor Krankheit) neutralisieren, führen zu Beruhigung. Das Wegfallen eines aversiven Reizes nennen Verhaltenstherapeuten eine negative Verstärkung (C-/). Verhaltensweisen (R = Flucht), die Angst/Anspannung beenden oder Verhaltensweisen, mit der die Begegnung mit dem Angstreiz umgangen werden kann (R = Vermeidung), führen ebenfalls zu einer negativen Verstärkung (C-/), was bedeutet, dass die zuvor konditionierte aversive Reaktion (CR) beendet wird oder ausbleibt.

Oder einfach ausgedrückt: Durch ein Neutralisierungsritual, eine Rückversicherung, Vermeidung oder Flucht wird eine Erleichterung oder negative Verstärkung (C-/) erzeugt, die die diversen Zwangshandlungen bekräftigen.

Kritik an Skinner und Mowrer

Skinners Untersuchung eignet sich wahrscheinlich gut, um Studenten der Psychologie wissenschaftlich exaktes Arbeiten zu demonstrieren, weil diese Studie einige methodische Schwächen enthält: Schon alleine die Anzahl der verwendeten Tauben war viel zu gering angesetzt, um daraus statistisch bedeutsame Ergebnisse abzuleiten. Darüber hinaus ist die Übertragung von Taubenverhalten auf den Menschen problematisch. Vermutlich werden Aberglaube oder Zwänge sehr stark durch Persönlichkeit, Erziehung und Willensentscheidungen der Menschen beeinflusst, die wir bei Tauben in der Skinner-Box nicht abbilden können. Wir können Menschen nicht wie Tauben in eine Skinner-Box setzen, um die Beobachtungen und Schlussfolgerungen Skinners auf den Menschen anzuwenden.

Dafür besitzt Skinners Arbeit durchaus heuristische Relevanz: Die Idee, dass zufällige Bekräftigungen das Entstehen von Aberglauben und Zwängen begünstigen, halte ich für sehr wahrscheinlich. Der zufällige Einschlag eines Blitzes hatte Luther zum Eintritt ins Kloster veranlasst. So lange es Menschen gibt, wurden dramatische Naturereignisse beschrieben, die als magischer Fingerzeig Gottes gedeutet wurden.

Es muss hier auch festgestellt werden, dass Mowrer mit seinem 2. Faktor einen wichtigen Impuls für die Verhaltenstherapie gab, indem er bei der Aufrechterhaltung von Zwangshandlungen von einer negativen Verstärkung (C-/) ausging. Heute bezeichnen wir diese Art der negativen Verstärkung als Angstreduktionshypothese. Dieser Teil von Mowrers Theorie hilft, die erhebliche Stabilität von Meidungsverhalten zu verstehen.

Skinner wählte für seine Konditionierung von Aberglauben positive Verstärker (C+/) in Form von Futterpillen, was erst einmal im Widerspruch zu Mowrers Theorie steht. Wahrscheinlich ist in der Lerngeschichte von Zwängen eine Kombination von positiver und negativer Verstärkung anzunehmen, was Justus Sieg[19] in seiner Doktorarbeit untersuchte. Das heißt, lerntheoretisch nehmen wir bei der Entstehung und Aufrechterhaltung von Zwängen sowohl die Reduktion von negativer Anspannung und Angst an als auch eine gewisse positive Bekräftigung an (Sicherheit, Sauberkeit, Frömmigkeit etc.), wobei die positiven Aspekte im Laufe einer Krankheitsentwicklung wohl immer weiter verloren gehen, während gewisse Vorteile zu Beginn der Lerngeschichte von Zwängen durchaus nachvollziehbar sind.

Mowrer und Skinner liefern mit der Beliebigkeit der Verknüpfung von Reaktionen und Verstärkern eine elegante Begründung für die Vielfalt von Zwängen. Die Theorie der Preparedness von Martin Seligman[20] setzt der Vielfalt von Zwängen gewisse evolutionäre Grenzen, weil angenommen wird, dass durch eine angeborene Neigung bestimmte Zwänge leichter gelernt werden. Dass Frauen mehr Waschzwänge als Männer entwickeln, könnte sich nach Seligmann evolutionär dadurch erklären lassen, dass Frauen für die Versorgung von Kindern zuständig waren und dies höhere Hygienestandards erforderte. Aber ebenso können hier kulturelle Einflüsse eine große Rolle spielen, weil Hygiene und Kosmetik für Frauen in den Publikationen der Medien heute einen viel höheren Stellenwert zugewiesen bekommen. Die mediale Präsenz der Religion ist heute in Europa gering, was einen Rückgang dieser Art des Zwanges im Vergleich zum Mittelalter erklären könnte.

Mowrer und Skinner sind echte Klassiker, die auch heute noch viel zitiert werden. Forscher in der Nachfolge von Mowrer und Skinner brachten viele Verfeinerungen dieser Theorien hervor. Einen gewichtigen Nachteil konnte all diese Forschung bisher nicht beseitigen: Einen unumstößlichen wissenschaftlichen Beweis für Mowrers und Skinners Theorien haben wir bis heute noch nicht gefunden, weil wohl niemals gerade ein psychologischer Forscher danebensaß, wenn sich bei einem Menschen der erste Aberglaube oder der erste Zwang durch eine zufällige Bekräftigung gebildet hatte. Da der Beginn von Zwangsstörungen lange vor dem ersten Therapeutenkontakt liegt, ist eine verlässliche Erinnerung der Betroffenen unmöglich, um eine genaue raumzeitliche Beziehung zwischen einem Ritual und der Neutralisierung rekonstruieren zu können. In der Regel liegt der Beginn einer Zwangsstörung mindestens zehn Jahre vor dem ersten Therapeutenkontakt. Und außerdem ist es nicht leicht, präzise zu benennen, was genau eine krankhafte Zwangshandlung und was noch ein gesundes Ritual ist.

Skinner und Mowrer lieferten sehr plausible Modelle, die zumindest einen Teil der Ursachen von Zwangserkrankungen aufklären können. Die meisten Verhaltenstherapeuten sehen Skinner und Mowrer und deren Nachfolger als theoretische Basis ihrer Arbeit. Einen Beweis liefern diese und ähnliche Theorien aber nicht.

Deutlich mehr Gewissheit könnten uns in der Zukunft Langzeit- oder Längsschnittstudien verschaffen. In einer Langzeitstudie müssten Hunderte Betroffene einer Zwangsstörung mit all ihren unterschiedlichen biologischen und biografischen Einflüssen über viele Jahre immer wieder untersucht werden. Solange kein Geld für solche außerordentlich teuren Langzeitstudien zur Verfügung steht, die uns stichhaltige Beweise liefern könnten, sind die genannten Theorien zur Entstehung von Zwangsstörungen weder beweisbar noch widerlegbar.

9. Die Therapie von religiös-moralischen Zwängen

Die vielen inhaltlichen Lücken in den Beschreibungen des ICD-10 haben den Vorteil, dass sie viel Spielraum für neue klinische Beobachtungen und wissenschaftliche Erkenntnisse bieten. In diesem Kapitel stelle ich zunächst verschiedene beobachtbare Elemente von Zwangsstörungen vor und füge diese dann zu einem Funktionsmodell zusammen, in dem diese Elemente zusammenwirken.

Negative Anspannung

Das für mich zentrale Konzept einer negativen Anspannung bei Zwängen spiegelt sich im Originaltext des ICD-10 im Begriff »Angst« wider. Zwänge werden im ICD-10 auch noch den Angststörungen zugeordnet. Angst bei Zwängen als eine typische Qualität negativer Anspannung im ICD-10 bewerte ich als grundsätzlich richtig. Angst als einzige Form der Anspannung bei Zwängen werte ich als unvollständig und irreführend. Im frühen Stadium der Selbsterkenntnis sprechen die meisten Betroffenen von ihrer (negativen) Anspannung. Nach dem Durchschreiten einer therapeutisch geführten Selbsterkenntnis können Betroffene zwischen verschiedenen Qualitäten negativer Anspannung unterscheiden: Neben der Angst sind dies zusätzlich Schuld, Scham, Ekel und Unvollständigkeit. Angst ist meiner Erfahrung nach also nur einer unter mehreren Typen von Anspannung. Meist stehen Schuld und Angst mit Kontrollzwängen und religiös-moralischen Zwängen im Zusammenhang. Zwänge entziehen sich immer wieder einfachen Zuordnungen, weil Scham und Schuld manchmal auch bei Waschzwängen zu finden sind, obwohl Waschzwänge häufiger mit dem Gefühl des Ekels verbunden sind.

Letztlich dreht sich bei Zwängen alles um negative Anspannung. Etwas zugespitzter möchte ich hier sogar behaupten, dass Anspannung das zentrale Element der Zwangsstörung ist, weil wir ohne Anspannung überhaupt keine Zwangsstörung vorliegen haben. Ein Briefmarkensammler mag mir in seinem Hobby absonderlich vorkommen, er mag mir auch sehr gründlich und pingelig erscheinen. Wenn der Briefmarkensammler sein Hobby mit Freude und ohne jegliche negative Anspannung ausführt, können wir nicht von einer Zwangsstörung sprechen.

Regeln und Ordnung finden wir auch bei den meisten religiösen Ritualen, was nicht heißt, dass diese zwanghaft sind. Die Grenze zu zwanghaften Ritualen sehe ich darin, dass religiöse Zwangsrituale sinnentleert sind oder ihr Sinn zwanghaft verzerrt ist, und mit religiösen Zwangshandlungen eine hohe negative Anspannung beziehungsweise Schuld neutralisiert werden soll. Religiöse Zwänge verstärken die Entfernung zu Gott und zerstören die Spiritualität und die Liebe und Nähe zu Gott.

Religiöse Inhalte und ein bewusstes spirituelles Durchleben stehen beim religiösen Zwang deutlich im Hintergrund. Im fortgeschrittenen Stadium eines religiösen Zwanges bleibt nur noch eine religiöse Fassade übrig. Die Regeln der Rituale werden vom Zwang bestimmt. Religiös sinnentleerte Rituale dienen eigentlich nur noch dazu, eine Anspannung abzubauen.

Klienten, die bereits tief in die Therapie eingetaucht sind, die insbesondere ihre ich-syntonen Zwänge erkannt und in der Motivations- und Distanzarbeit gute Fortschritte gemacht haben, sage ich sogar: »Es ist eigentlich völlig egal, welchen Zwang Sie haben!« Es ist egal, ob Waschen, Kontrolle oder Religion Thema des Zwanges ist, weil es beim Zwang eigentlich gar nicht um den Inhalt, sondern fast ausschließlich um den gescheiterten Versuch eines Spannungsmanagements geht.

Wir können einen religiösen Zwang auch nicht durch die besten theologischen Argumente zum Schweigen bringen. Gelingt es, die Spannung zu drosseln, herrscht plötzlich Ruhe. Für Entspannung und Ruhe sorgen schon ein paar Flaschen Bier, wenn auch nur mit kurzfristiger und langfristig unheilvoller Wirkung. Zwangserkrankte, die feststellen, dass sie mit Alkohol ihre Anspannung vorübergehend abbauen können, landen sehr schnell in der Sucht.

Die Analogie zur Sucht kann helfen, therapeutisch die Distanz zu den Inhalten der Zwangsstörung zu vergrößern: Ich habe von 1999 bis 2000 als Therapeut in einer Klinik für Alkoholentwöhnung gearbeitet. In der Suchtarbeit spielte es kaum eine Rolle, welche Sorte Alkohol ein abhängiger Patient konsumiert hat. Ob der Süchtige in seinem »nassen« Leben Bier, Wein oder Schnaps konsumiert hat, ist für den Erfolg der Suchttherapie ziemlich uninteressant. Viel wichtiger ist die Frage, welche Wirkung mit dem Suchtmittel erzielt werden sollte, ob der Alkohol zur Überwindung von Angst, Überwindung von Unsicherheit, zur Entspannung oder zur Bekämpfung von Schmerzen eingesetzt wurde.

Meine Therapiegruppe besaß die Indikation Sucht in Verbindung mit Angst- und Zwangsstörungen. Durch das Trinken von Alkohol lässt sich zumindest für eine kurze Anfangsphase die Anspannung bekämpfen, die für Angst- und Zwangsstörungen typisch ist. Viele Angst- und Zwangskranke sind diesen verhängnisvollen Weg gegangen. In der Phase, in der der Alkohol im Körper anflutet, empfinden Betroffene zunächst eine trügerische Ruhe von ihrer Anspannung, müssen dann aber sehr schnell »nachladen« und handeln sich neben Ängsten und Zwängen noch das zusätzliche Problem der Sucht ein. Von verschiedenen Autoren wird ein erhöhtes gemeinsames Vorkommen von Alkoholabhängigkeit und Zwängen beschrieben.[21] Danach leiden etwa 15 Prozent aller Zwangskranken parallel unter einer Alkoholabhängigkeit, was wir wohl als einen fehlgeschlagenen Versuch des Spannungsmanagements Zwangskranker ansehen können.

Zu einem fortgeschrittenen Zeitpunkt der Therapie können die Betroffenen einer Zwangserkrankung sehr davon profitieren, wenn sie alternative Werkzeuge zur Spannungsregulation kennenlernen. Neben einer Andacht und religiösen Meditation sind auch Yoga, Tai-Chi oder Autogenes Training geeignet. Das richtet sich sehr nach den individuellen Vorlieben. In einem frühen Stadium der Therapie empfehle ich mental wenig anspruchsvolle

Formen der Entspannung wie Gartenarbeit, Ausdauersport, die durch körperliche Belastung entspannen, ohne einen Ereignishorizont für einschießende Zwangsgedanken zu schaffen. Sich zu entspannen, kann Raum für aufdrängende Zwangsgedanken schaffen, daher sind Entspannungsübungen mit gedanklichen Formeln und Gebete ohne allzu fordernde Inhalte vorteilhaft.

Wenn Betroffene in eine Verhaltenstherapie ihren Waschzwang überwinden, heißt das natürlich nicht, dass sie sich in ihrem Leben nie wieder waschen dürfen. Geheilte Waschzwängler waschen sich natürlich genauso, wie alle anderen Menschen dies auch tun. Geheilte Waschzwängler sollten sich ihre Stabilität dadurch erhalten, dass sie sich in Zukunft nur zweckgerichtet waschen, um sich von realem Schmutz zu reinigen, nach den allgemeingültigen Hygienestandards. In dem Moment, wo ein geheilter Waschzwängler sich »magisch« wäscht, um damit eine negative Anspannung von Schuld oder Ekel zu neutralisieren, wird er rückfällig und rutscht in sein altes zwanghaftes Muster zurück. Weil man das Problemverhalten »Spannung neutralisieren« nicht sehen kann und es durch keinen Test nachweisbar ist, scheitert jeder Versuch, die Abstinenz von außen zu überwachen. Die Überwachung der Abstinenz von Zwang und Magie kann nur der Betroffene selbst erledigen. Wenn Betroffene in der Therapie genügend Distanz zu ihrem Zwang entwickelt haben und Motivation zum Bekämpfen ihres Zwanges aufgebaut haben, dann können Sie sich selbst überwachen und merken, wenn sie rückfällig werden.

Ein Gebet und jedes andere religiöse Ritual, das der Zwang zu einem Zwangsritual umfunktioniert hat, erkennt man an der negativen Anspannung, die das Gebet oder das Ritual neutralisieren soll. Ziel der Therapie ist es, Gebete und Rituale in einer zwangsfreien, das heißt spannungsfreien Weise auszuüben, in der der Gläubige statt Angst Vertrauen und damit Nähe zu Gott findet.

Zwangsgedanken

Ergänzend zu der im Voraus vorgestellten Definition im ICD-10 gehe ich davon aus, dass immer Zwangsgedanken vorhanden sind, die zum Inhalt haben, dass eine Katastrophe befürchtet wird, und die dadurch eine negative Anspannung auslösen.

Gemeinsamer Kern aller Zwangsgedanken ist die Verursachung negativer Anspannung und die Annahme einer katastrophalen Folge.

Bizarre und ich-dystone Zwangsgedanken erkennen die Betroffenen deutlich früher als ich-syntone Zwangsgedanken. Bizarre Zwangsgedanken finden auch das Interesse anderer Menschen und werden bevorzugt von Printmedien aufgegriffen. Aber längst nicht alle Zwangsgedanken sind spektakulär, bizarr und ich-dyston, wie es in den Medien dargestellt wird. Es gibt sehr schlichte und einfache Zwangsgedanken, die dann übersehen werden. In diesen Fällen wird häufig die Diagnose vorwiegender Zwangshandlungen (F42.1) vergeben. Ein häufiges Bespiel für einen sehr unauffälligen Zwangsgedanken ist die Angst vor einer der genannten negativen Anspannungen mit katastrophaler Bedeutung (zum Beispiel durch die Anspannung verrückt zu werden oder die Anspannung nicht aushalten zu können).

Bei Menschen, die nur ihre Zwangshandlungen, nicht aber ihre Zwangsgedanken kennen, muss in der Therapie der Zugang zu den Zwangsgedanken erst noch erarbeitet werden. Wenn eine Person den Zwangsgedanken hat: »Wenn ich widerspreche, werde ich vollkommen abgelehnt und das wäre mein sozialer Tod!«, kann das widerspruchsfrei in einer selbstunsicheren Persönlichkeit integriert sein, was heißt, dass sie diesen Gedanken nicht als zwanghaft erkennt. Wenn diese Person in der Familie und am Arbeitsplatz von sehr dominanten Personen umgeben ist, kann es sehr lange dauern, bis der zwanghafte Charakter dieser Gedanken deutlich wird.

Wenn ein Mensch mit religiös-moralischen Zwängen sich in einer sehr strengen religiösen Gemeinschaft befindet, ist es ebenfalls sehr schwierig, den krankhaften Charakter der Zwangsgedanken zu erkennen. Hilfe und Veränderung können Betroffene erwarten, wenn sie mit Menschen Beziehungen eingehen, die Gelassenheit und milde religiöse Maßstäbe vermitteln und wenn in der Glaubensgemeinschaft die Idee eines liebenden Gottes vertreten wird. Mit fortschreitender Chronifizierung neigen Menschen mit Zwängen zunächst zur Verheimlichung und schließlich zum Ausstieg aus sozialen Beziehungen, womit dann schließlich eine mögliche Korrektur zwanghafter Maßstäbe verhindert wird.

Kognitive Verhaltenstherapie gegen Zwangsgedanken

Die WHO empfiehlt bei der Behandlung von Zwangserkrankungen, insbesondere Zwangsgedanken, den Einsatz der »kognitiven Verhaltenstherapie«. Kognitive Verhaltenstherapie unterstützt die Entkräftung von Zwangsgedanken und unterstützt die Krankheitseinsicht und die Motivation zur Reizkonfrontation. Es lohnt sich, die hier zugehörige S3 Leitlinie der WHO als Buch zu kaufen oder sie im Internet einzusehen und herunterzuladen.[22]

»Kognitive« Verhaltenstherapie leitet sich aus dem Lateinischen »cō-gnōscere« ab, was nach dem Langenscheidt Wörterbuch »kennenlernen, erkennen« bedeutet. Das heißt, dass in der kognitiven Verhaltenstherapie an der Modifikation von Gedanken und Erkenntnissen gearbeitet wird. Kognitive Verhaltenstherapie geht davon aus, dass unser Wahrnehmungsapparat keine objektiven Erkenntnisse liefert, sondern dass jeder Mensch auf der Basis seiner individuellen Lerngeschichte, Persönlichkeit und Werte seine eigene Interpretation der Wirklichkeit entwickelt. Die Wahrnehmung der Wirklichkeit von Menschen mit einer Zwangserkrankung wird systematisch in zwanghafter Weise verzerrt.

Das »Lila-Eisbär-Paradox« hat uns bereits gezeigt, wie sinnlos es ist, gegen einen Zwangsgedanken anzukämpfen. Das Lila-Eisbär-Paradox löst einen Überraschungseffekt aus, der in gewinnbringender Weise die Sicht auf die abgewehrten Zwangsgedanken verändert. Da sich Zwangsgedanken nicht einfach abschalten lassen, folgt aus dem Paradox die bedingungslose Akzeptanz eines Zwangsgedankens, auch wenn er subjektiv noch so schlimm erscheint.

Die einfachste Form kognitiver Verhaltenstherapie ist die Vermittlung von Wissen, was Psychotherapeuten auch Psychoedukation nennen: Hierzu gehört die Geschichte vom lilafarbenen Eisbären, die das Wesen von Zwängen beleuchtet und andere laiengerechte Aufklärungen über wissenschaftliche Befunde. Psychoedukation bei religiösen Zwängen beinhaltet, dass sich Betroffene fundiert über ihr Gottesbild aus der jeweiligen religiösen Perspektive klar werden. Hier benötigen Therapeuten Unterstützung durch Pfarrer, Seelsorger und andere theologische Fachleute.

Schon allein die Frage vieler Betroffenen, ob ich als Therapeut selbst ein gläubiger Christ sei, schließt bei den Betroffenen die Überzeugung ein, dass ihre Zwänge viel oder gar ausschließlich mit ihrem (christlichen) Glauben zu tun haben. Ihren Zahnarzt fragen meine Klienten ja schließlich nicht, ob er Christ sei. So teilen Betroffene mit religiösen Zwängen die Überzeugungen, dass ihre teils bizarren Zwangshandlungen zur Sicherung ihres Seelenheils beitragen.

»Ist das auch wirklich so?«, ist in meiner Therapie eine Frage, die ich immer dann stelle, wenn es um die Entkräftung von solchen Denkfehlern oder einer der drei bereits genannten zwanghaften Mythen (siehe Seite 45) geht. Typische Denkfehler, die wir bei religiösen Zwangsgedanken bearbeiten, sind die Vorstellungen, dass hinter einem bösen, sündigen Gedanken immer auch eine Absicht steckt. Ebenso gehört hierzu die Entkräftung des Zwangsgedankens, dass schon ein Gedanke eine Sünde ist und dass ein blasphemischer Gedanke unweigerlich die volle Härte durch Gottes Strafe verdient.

Eine verbreitete kognitive Strategie ist die Verschiebung der Problemsicht[23]. Ein Beispiel, wie ich die Sicht auf ein Problem in der Arbeit mit einem Klienten mit religiösen Zwänge verschiebe: »Das Problem ist es nicht, dass mir Gott in gnadenloser, strafender Absicht begegnet. Dem haben der Apostel Paulus und Martin Luther deutlich widersprochen. Vielmehr stecken hinter meiner Erwartung eines strafenden Gottes meine Angst und zwanghaften Fehldeutungen, die sich aus einem biochemischen Ungleichgewicht in meinem Gehirn entwickelt haben.[24] Außerdem habe ich durch Zwangshandlungen mein Gehirn einseitig auf die Wahrnehmung von Angst, Schuld und auf die Erkennung meiner vermeintlichen eigenen Fehler trainiert!«

Katastrophisierung nennen wir eine zwanghafte Wahrnehmungsverzerrung[25], bei der die Betroffenen stets nur die schlechteste und unwahrscheinlichste von verschiedenen Optionen erkennen können. Bei zwanghaften Gedankenketten herrscht stets eine Katastrophisierung, weil die Kette sofort in sich zusammenbrechen würde, wenn vom Übergang von nur einem zum nächsten Kettenglied eine realistische Einschätzung anstatt einer Katastrophisierung siegen würde:

»Wenn ich den Herd nicht kontrolliere,
brennt das Mietshaus ab, in dem ich wohne!«

↓

»Wenn das Mietshaus abbrennt, kommen alle Bewohner,
darunter Frauen und Kinder, durch meine Schuld qualvoll ums
Leben!«

↓

»Ich werde als schuldiger Verursacher von der Polizei
verhaftet!«

↓

»Ich werde angeklagt und zu Gefängnis verurteilt!«

↓

»Auch nach der Entlassung aus dem Gefängnis
werde ich meines Lebens nicht mehr froh
und bin ich sozial erledigt!«

↓

»Nach einem Leben in Unfreiheit erwartet mich Gottes Strafe
und Verdammnis!«

Es lohnt sich, die Schilderungen zwanghafter Gedankenketten

bis zum Ende zu verfolgen. Wenn wir dies versäumen, kann es passieren, dass die Therapie an einem unwichtigen Gedankenteil ansetzt und dadurch uneffektiv wird. Beispielsweise bringt eine Verschiebung der Problemsicht und die Exposition, zum Beispiel das Kontrollieren des Herds zu unterlassen, wenig, wenn ein sehr viel wichtigerer Teil (zum Beispiel die Angst, sozial erledigt zu sein und Gottes Verdammnis zu verdienen) in der Behandlung unbeachtet bleibt.

Die Neigung zur Katastrophisierung können wir bei dem oben gezeigten Beispiel von zwanghaften Gedankenketten besonders gut erkennen. Der Klient in unserem Beispiel ging stets beim Übergang von dem einen zum nächsten Glied der Kette davon aus, dass die schlimmsten Folgen mit höchster Wahrscheinlichkeit eintreten werden, was bei Lichte betrachtet so gut wie ausgeschlossen ist: Unzureichende Kontrolle löse auf jeden Fall einen Brand aus. Ein Brand wird nicht rechtzeitig entdeckt und die Möglichkeit der Rettung von Hausbewohnern durch Flucht und effektive Feuerwehr wird ausgeschlossen und alle Mitbewohner sterben. Die Möglichkeit, dass Hausbesitzer und Hersteller des Herds eine Mitschuld tragen, weil diese gegen Sicherheitsvorschriften verstoßen haben, wird nicht erwogen. Der Klient sieht bei sich die alleinige Schuld, und so weiter.

Eine kognitive Strategie ist es, die Katastrophisierung abzubauen. In diesem Beispiel kann man diskutieren, wie wahrscheinlich es ist, dass die befürchteten Ereignisse eintreten werden, und wer noch Verantwortung trägt. Ziel der Diskussion ist es, zu realistischeren Einschätzungen zu gelangen und die Wahrnehmung der eigenen Verantwortung auf ein realistisches Maß zu begrenzen. Schon alleine die Aufzeichnung des oben genannten Diagramms brachte dem Klienten eine Erleichterung und die Einsicht, dass die erwartete Katastrophe unrealistisch ist und dass die Verantwortung auf viele Schultern verteilt ist.

Die »doppelte Buchführung« ist eine Art der kognitiven Verzerrung, die sich im oben beschriebenen Beispiel ebenfalls gut demonstrieren lässt. Der Klient in unserem Beispiel glaubt, dass er den Herd kontrollieren müsse, lehnt aber die gleiche Verpflichtung für seine Mitbewohner im Haus ab. Was ist also von der Notwendigkeit einer Verpflichtung zu halten, die nur ihn alleine betrifft? Das Herausarbeiten der doppelten Buchführung (zum Beispiel mit der Frage: »Verlangen Sie von Ihrer Tochter, genauso exzessiv zu beten oder zu kontrollieren, wie Sie das tun, oder glauben Sie, dass Ihre Tochter das nicht tun sollte?« – Meistens würden Menschen mit einem Zwang diese Frage verneinen) ist ein kognitives Element, in der ein Therapeut den ich-dystonen Anteil eines Zwanges herausarbeitet und bekräftigt. Ziel der kognitiven Strategie »doppelte Buchführung« ist es, die Ich-Dystonie und Krankheitseinsicht gegenüber dem Zwangsgedanken zu vergrößern.

Die Theorie der kognitiven Dissonanz von Lionel Festinger[26] liefert uns eine gute Erklärung, warum das kognitive Herausarbeiten der »Doppelten Buchführung« und anderer kognitiven Strategien erfolgreich ist.

Festinger gab in einem seiner ausgefeilten Experimente einigen seiner Probanden viel Geld (20 US-Dollar) und anderen Probanden wenig Geld (1 US-Dollar) für eine harmlose Lüge: Sie sollten eine langweilige Aufgabe (Stifte in ein Brett stecken) als hochinteressant schildern. Beide Gruppen wurden hinterher befragt, wie interessant sie diese (langweilige) Aufgabe tatsächlich fanden. Bemerkenswerterweise bewertete die Person mit geringer Belohnung diese langweilige Aufgabe als sehr interessant.

Festinger erklärt die Einschätzung als »interessant« für die langweilige Aufgabe damit, dass die Gruppe mit der geringen Belohnung eine größere Dissonanz zu bewältigen hatte als die Gruppe, die mit 20 Dollar fürstlich entlohnt wurde und die damit eine sehr gute Begründung für ihre Lüge hatte. Da in der 1-Dollar-Bedingung keine gute Begründung für das Lügen vorlag, reduzierten diese Probanden, nach Festingers Erklärung, ihre Dissonanz durch Veränderung ihrer Einstellung, dass die langweilige Aufgabe in Wirklichkeit interessant war.

Festingers Dissonanz-Theorie besagt, dass Menschen nur wenig Dissonanz ertragen wollen. Daher lassen sich dauerhafte Veränderungen erreichen, wenn professionelle Helfer durch die Einführung neuer Blickwinkel Dissonanz erzeugen. Dies gilt auch in der Therapie von religiösen Zwängen.

Die Aussagen: »Der Zwang hält nicht, was er verspricht, sondern er verursacht meistens genau das Gegenteil!«, oder: »Das Ausführen von Zwangshandlungen vergrößert meine Distanz zu Gott!«, oder: »Gott lässt sich durch meine Zwangshandlungen nicht in seinen Entscheidungen beeinflussen!«, erzeugen ein großes Maß an Dissonanz zu den eigenen Zwangsvorstellungen. Um diese Dissonanz zu reduzieren, stellen Betroffene ihre Zwänge infrage, was zu einem dauerhaften Erfolg der kognitiven Strategien auch über den Rahmen der Therapie hinaus führen kann.

Unter Betroffenen mit religiösen Zwängen wird oft die Frage diskutiert: Benötige ich eine spezielle Therapiegruppe oder ein spezielles Therapieangebot exklusiv für Menschen mit religiösen Zwängen? Aus der Perspektive der kognitiven Dissonanz würde sich eine heterogene Gruppenzusammensetzung empfehlen, weil Personen mit ganz anderen Zwängen mehr Dissonanz erzeugen können als eine homogen zusammengesetzte Therapiegruppe, in der ausschließlich religiöse Zwänge vorherrschen.

Hier eine kleine Übersicht der dargestellten Kognitiven Verhaltenstherapie-Strategien:

- Psychoedukation, zum Beispiel Lila-Eisbär-Paradox
- Arbeit mit zwanghaften Denkfehlern und zwanghaften Mythen
- Verschiebung der Problemsicht
- Arbeit mit den Katastrophisierungen und realen Wahrscheinlichkeiten
- Erzeugen von Dissonanz, Aufdecken von Widersprüchen, zum Beispiel doppelte Buchführung oder »Der Zwang hält nicht, was er verspricht ...!«

Beziehung und professionelles Verhalten

Religiöse Zwangsgedanken an Blasphemie werden sehr bewusstseinsnah und sehr ich-dyston erlebt. Es entsteht schnell eine hohe Anspannung, die Betroffenen wollen das Denken dieser

Gedanken unterbinden, was unmöglich ist. Einzige logische Konsequenz aus dem Lila-Eisbär-Paradox / Rebound-Effekt ist es, den Betroffenen eine bedingungslose Akzeptanz der blasphemischen Zwangsgedanken nahezulegen und die völlig Bedeutungslosigkeit der Zwangsgedanken klarzumachen. Dem Therapeuten und jedem anderen Helfer empfehle ich, diese Klarstellung gelassen und in einem unumstößlichen Selbstbewusstsein vorzutragen. Dies ist sehr hilfreich, damit ratsuchende Betroffene wieder den Boden unter ihren Füßen zurückgewinnen.

In allen mir bekannten Fällen mit dem Schwerpunkt auf religiöse Zwänge haben die Betroffenen vorher den Rat eines Pfarrers, Imams oder einer anderen Art von Seelsorger eingeholt. Den bei unerfahrenen, überforderten Helfern gut gemeinten Versuch, blasphemische Gedanken zu interpretieren (»… vielleicht ist ja doch irgendetwas dran?«), bitte ich tunlichst zu unterlassen. Falsche Gegenmaßnahmen bis hin zu einem Exorzismus steigern die gefühlte katastrophale Bedeutung der Zwangsgedanken für die Betroffenen in unerreichte Sphären (»… bin ich vom Teufel besessen? Bin ich verrückt? Werde ich je Gottes Erlösung erhalten?«) und verschlechtern die Prognose.

Wenn Helfer erkannt haben, dass es sich bei dem blasphemischen Gedanken um einen Zwangsgedanken handelt, empfehle ich, den ratsuchenden Menschen und sein Problem unbedingt ernst zu nehmen, Kompetenz und eine gelassene Akzeptanz bei gleichzeitiger Distanzierung vom Problem zu vermitteln. Dies könnte in etwa so laufen, wie ich es Seelsorgern hier im Folgenden vorschlagen möchte:

»Ich habe den Eindruck, dass Sie sich in zwanghafter Weise in einem Gedanken verfangen haben. Ich habe das bei Gläubigen in meiner Gemeinde schon einige Male miterlebt. In den meisten Fällen verschwinden diese Gedanken von alleine, wenn es Ihnen gelingt, Gott zu vertrauen und diesen blasphemischen Gedanken als bedeutungslos zu erkennen und zu akzeptieren. Je mehr Sie die Gedanken akzeptieren und je weniger Sie unternehmen, um diese Gedanken zu unterdrücken, desto besser! Ich bin fest davon überzeugt, dass Sie ein guter Christ/Moslem sind und dass diese Gedanken nicht Ihre Überzeugung abbilden. Und ich glaube, dass unser allmächtiger, allwissender Herrgott dies auch weiß. Im Gegenteil, ungläubige Menschen bekommen solche Gedanken eigentlich gar nicht. Wenn Sie meine Ratschläge befolgen, rechne ich damit, dass diese Gedanken bei unserem nächsten Treffen wohl schon verschwunden sind!«

Tatsächlich ist Atheismus wohl ein Schutz vor religiösen Zwängen, dafür werden ungläubige Menschen von anderen Zwängen heimgesucht. Vermeiden Sie es bei der ersten Begegnung, schlafende Hunde zu wecken, indem Sie eine Diagnose wie »Zwangsgedanke« oder »Zwangsstörung« aussprechen, weil dies im ersten Moment eine reine Verdachtsdiagnose ist und eher eine Katastrophisierung unterstützen könnte. Gelegentliche passagere Zwangsgedanken, die nicht die Kriterien einer Diagnose Zwangsstörung erfüllen, sind wahrscheinlich viel häufiger, als wir denken, und es kann durchaus sein, dass das Problem, auf kleiner Flamme gekocht, schnell und erfolgreich abgeschlossen werden kann.

Bieten Sie ein Folgetreffen an. Dies hat den Vorteil, dass Sie dem Ratsuchenden signalisieren, dass Sie ihn sehr ernst nehmen. Das Ernstnehmen und das Eingehen einer echten seelsorgerischen Beziehung sind in diesem Moment die wahrscheinlich wichtigsten Elemente. Vermitteln Sie einen begründeten realistischen Optimismus und Gelassenheit. Wenn Sie mit dem Angebot eines Folgetreffens unter Beweis stellen, dass Sie Ihren Gesprächspartner ernst nehmen, können Sie der Gelassenheit vielleicht noch eine kleine Prise Heiterkeit hinzufügen, um die Entspannung zu fördern. Aber Vorsicht, wenn noch keine tragfähige Beziehung entstanden ist; Betroffene mit Zwangsstörung sind sehr sensibel und können, gerade wenn noch kein Vertrauen vorhanden ist, Heiterkeit so interpretieren, dass sie sich von Ihnen ausgelacht fühlen, was unbedingt zu vermeiden ist. Sollten Sie feststellen, dass das Problem blasphemischer Zwangsgedanken auch nach mehreren Folgetreffen unvermindert fortbesteht, empfehle ich die Zusammenarbeit mit Experten, die sich wirklich mit Zwangsstörungen auskennen. Vorsicht, echte Experten für Zwangserkrankungen sind in der Seelsorge und in der therapeutischen Versorgung selten. Es ist erwiesen, dass Spezialisten deutlich bessere Erfolge erzielen. Hausärzte und Psychiater sind, auch wenn sie keine Zwangsexperten sind, erste Ansprechpartner und Weichensteller für möglichst kurze Wege in der Behandlung.

Betroffene, die sich von ihrem Seelsorger nicht ernst genommen fühlen oder die durch dessen unprofessionelle Bemühungen eine Verschlechterung ihrer Lage erleben, haben sich in meiner Beobachtung schon häufig von ihrer religiösen Gemeinschaft abgewendet.

Hier einige kompetente theologische Antworten zu typischen religiösen Zwangsgedanken von Hartmut Becks:

Die Problematik des Gottesbildes – straft Gott uns für unsere Taten?

von Hartmut Becks

Alle Weltreligionen nutzen Bilder und Beschreibungen, Symbole und Chiffren, um das Wesen Gottes zu fassen. Gott ist wie das Licht oder eine Quelle, er gleicht einem guten Hirten oder getreuen Vater, wird aber auch als Richter oder Herr der Heerscharen (Zebaoth) beschrieben. Die Palette der Möglichkeiten ist schier unerschöpflich und hängt wesentlich von den jeweiligen kulturellen und sozialen Prägungen ab. So kann der Koran allein 99 Prädikate der Gottheit nennen.
Das menschliche Bedürfnis, diffus religiöses Empfinden und Transzendenzerfahrungen sprachlich zu fassen und bildlich zu beschreiben, ist archaisch. Schon in den frühesten Menschheitszeugnissen, die wir kennen, wird versucht, das Unaussprechliche in mythischen Natursymbolen auszudrücken. Damit sind aber zugleich auch problematische Engführungen, Reduzierungen und Übertragungen verbunden, die schon der antiken Philosophie bewusst waren. So stellt schon Epikur fest, dass so eine Vermenschlichung der Gott-

heit unvermeidbar ist. Wenn zum Beispiel Löwen einen Gott darstellen sollten, hätte dieser wahrscheinlich auch löwenähnliche Züge. So überträgt eben auch der Mensch seine Erfahrungs- und Sichtweisen geradezu personell auf Gott. Die Art und Weise unserer eigenen Weltsicht und unserer eigenen Existenzerfahrung prägen somit vorrangig unser Gottesbild. Obgleich wir wissen, dass wir die Realität Gottes nicht fassen können, legen wir so doch seine vermeintliche Charakteristik fest und unterstellen ihm handlungsleitende Maximen, die in Wahrheit unseren eigenen Vorstellungen, Projektionen und Wünschen entstammen. Aber auch unsere Sorgen, Ängste und Befürchtungen spielen eine nicht unerhebliche Rolle bei der Konstruktion des Gottesbildes. Für den Zusammenhang der Zwangserkrankung und insbesondere der religiösen Zwänge ist nun dieser Umstand von großer Bedeutung. Denn oft werden hier autoritäre Gottesbilder oder hierarchische Vorstellungsmuster bevorzugt, die mit gehörigen Angst- und Bedrohungserfahrungen verbunden sind. Unbewusst werden Wahrnehmungen aus der eigenen Erziehung, Konflikte mit überstarken Vätern oder Müttern dann auf die Gottesvorstellung übertragen. Es scheint dann unhinterfragbar, dass Gott so reagiert wie ein gestrenger Vater oder wie ein Richter, der die eigenen Gedanken und Handlungen registriert und letztlich reglementiert. Drakonische Strafen und seelische Qual erwartet dann ein Mensch bei Regelverstößen von Gott, so wie ein Kind, das Gewalterfahrung machen musste. Die eigene Verfehlung und Schuld sind bedrohlich und fordern den Zorn Gottes heraus. Wer dieses verengte Gottesbild in sich trägt, für den kann die Kontrolle, Beobachtung und Zügelung der eigenen Gedanken, Handlungen und Regelverstöße zu einem allumfassenden Thema werden. Denn er versucht nun Gott gegenüber so zu handeln, wie es ein verunsichertes Kind einem unberechenbaren Vater oder überstrengem Richter gegenüber gewohnt ist: ihn versöhnlich zu stimmen. Und eben an dieser Stelle muss die Therapie sehr deutlich machen: Es handelt sich hier eben nicht um Gott, den du fürchtest, sondern lediglich um ein Gottesbild, das dir eingebrannt ist und dir Angst macht. Die Loslösung von einem enggeführten Gottesbild, das mit Gott selber verwechselt wird, ist meines Erachtens eine Hauptaufgabe im therapeutischen Prozess.

Dabei geht es nicht darum, Gottesvorstellungen grundsätzlich abzulehnen oder gar religiöses Empfinden generell infrage zu stellen, sondern viel eher um eine spirituelle Vertiefung und zugleich theologische Fundierung eines veritablen Gottesbildes. Damit möchte ich sagen: Eine intellektuelle Redlichkeit und in gewisser Weise auch Versachlichung der Gottesbildfrage ist meines Erachtens nötig, um nicht in einer psychologischen Sackgasse zu enden. Vielleicht hilft als Tendenzbeschreibung vielmehr der berühmte Satz des 1. Johannesbriefes: »Niemand hat Gott je gesehen! Wenn wir uns aber untereinander lieben, so bleibt Gott in uns und seine Liebe ist in uns vollkommen«. (1 Joh 4,12)
Wir können über Gott in der Tat keine Aussagen machen. »Wir wollen über Gott reden, aber wir können es nicht!«, sagt der große Theologe Karl Barth. Aber wenn ein religiöser Affekt, der uns wirklich ergreift und innerlich sehr berührt, im Ergebnis zu Angst und ausschließlich zu Befürchtungen führt, dann ist sicher etwas nicht in Ordnung. Wenn Liebe, Vergebung, Barmherzigkeit und Erlösung keine Rolle mehr spielen, dann muss unwillkürlich etwas zu kurz kommen. Gott, das müssen wir somit alle lernen, entspricht nicht unseren eigenen Bildern, er ist auch nicht Teil unserer zwanghaften Logik, sondern bleibt immer darüber erhaben. Gott ist nicht ein Integral deines Zwanges, sondern bleibt unverbunden damit. Aber er hält dich als Person mit all deinen Gottesbildern und Zwängen weiter in seiner Hand. Viele verschiedene Gottesbilder können dir vielleicht helfen, seine Nähe und seine Kraft für dich zu beschreiben. Aber er wird auch da sein ohne deine Gedanken und rationalen Erfassungen.

Gibt es eine Hölle?

Es gibt eine »Vorstellung« von der Hölle und dem, was wir mit diesem Bild ausdrücken wollen. In der altgermanischen Mythologie zum Beispiel ist sie zunächst eigentlich nur das unterirdische Totenreich unter den Wurzeln des Weltenbaumes Yggdrasil. Der Weg dorthin geht über den Totenfluss und eine Rückkehr ist fast unmöglich. Hierhin gelangen alle Toten. Erst als der Gedanke aufkam, dass die »Heldenhaften« nach Walhalla kommen, wurde »Hell« zum Strafort der Bösen.

In Griechenland war der »Hades« zunächst auch nur neutral ein Raum für alle Toten. Erst später entwickelte sich in der griechisch-römischen Kultur die Vorstellung vom sogenannten »letzten Gericht«, das dann auch in Teilen des Christentums Einzug hielt.
Im Judentum bezeichnet »scheol« das Land ohne Heimkehr, zu dem alle Menschen ausnahmslos zurückkehren (Sir 14,7). Der Weg zur Unterwelt beginnt mitten im Leben (Num 16,30 / Jes 5,14). Das Totenreich wird im Neuen Testament »Hades« oder »Geenna« genannt und gemeint ist eine Art »Wartesaal« zur Auferstehung. Es gibt aber keine lokale Bestimmung für die Hölle im Christentum. Aus dem Volksglauben haben sich immer wieder auch die Vorstellungen von Finsternis, Würmern und Feuer eingeschlichen, die auch im Neuen Testament Einzug hielten (Mt 5,22 / 18,8 / Hebr 10,27 / Mk 9,43 etc.). Hier handelt es sich eher um eine Übersteigerung der Verlassenheitsängste, die Verwesung und Vernichtung des Leibes fürchten. »Hölle« wird mit Sünde, Tod und Teufel verbunden und gilt dann als gottfeindlicher Machtbereich.
Zugleich aber wird im Neuen Testament die Höllenmacht sehr deutlich als hohl entlarvt und durch die Erscheinung Christis regelrecht entkräftet: »Tod, wo ist dein Stachel? Hölle, wo ist dein Sieg? Der Tod ist verschlungen vom Sieg [...] Gott aber sei Dank, der uns den Sieg gibt durch unseren Herrn Jesus Christus« (1 Kor 15,55f.).
Mit dem Titel »Hölle« versuchen Menschen also zunächst nur einen fiktiven Ort zu umschreiben, wo unsere Seele nach dem Tode ist. Negative Vorstellungen wurden erst später »aufgeladen«. Vor allem wahrscheinlich auch aus moralischen und erzieherischen Gründen: Um ein ordnungskonformes Leben im Hier und Jetzt zu ermöglichen und um von Regelverstößen abzuschrecken, wurde ein »peinliches« Strafszenario entworfen, das als Druckmittel geeignet war, um einzuschüchtern. Doch besonders nach neutestamentlicher Auffassung kann es gar keinen Ort außerhalb von Gottes Herrschaftsbereich geben (»Die Hölle ist leer!«). Die Vorstellung einer ewigen Strafkammer ist im Grunde also mit der Gnadentheologie des Neuen Testaments nicht zu vereinbaren, auch wenn dieses Bild im Einzelfall immer wieder verwendet wird.
»Hölle« beschreibt – wenn überhaupt – also vor allem eine seelische, psychische Bedrückung im Hier und Jetzt. (Sartre: »Die Hölle

sind die Anderen!«) Sie ist eine Chiffre für empfundene Ausweglosigkeit. Aber dies ist natürlich kein realer Ort, sondern ein seelisches Bild, eventuell etwas Archetypisches. Ein Zustand jedenfalls, den es zu überwinden gilt und der theologisch schon längst überwunden, »besiegt« ist durch Jesus Christus. Damit ist die Hölle obsolet!

Gibt es den Satan oder den Teufel als Person?

Nein, beides sind meiner Meinung nach mythologische Bilder, die jeder voreiligen Personalisierung entgegenstehen müssen. Diese Bilder sind eher »universell« zu denken und sollen doch in der Tat die Macht des Bösen symbolisieren. Ihnen eigene personelle Qualität beizumessen, würde geradezu Gottes Allmacht infrage stellen. Der Mensch selber ist zu bösen Taten fähig, es stellt sich sogar die Frage, ob er nicht selber »radikal böse ist« (Kant). Allerdings hat Goethe gesagt, Kant habe sich damit »seinen Philosophenmantel beschlabbert«. Nun denn: Nur mythologisch und nur bildhaft und allegorisch kann ich damit umgehen.

Zwangshandlungen

Zwangshandlungen können wir auch als das »süße Gift« der Zwangserkrankung bezeichnen, weil die Ausführung von Zwangshandlungen den Betroffenen die Illusion vorgaukelt, eine ungewisse Zukunft kontrollieren und die ungewollte Anspannung neutralisieren zu können. In einer langen Phase vor der Behandlung haben die Zwangskranken geglaubt, dass ihre Zwangshandlungen ein unverzichtbares Werkzeug für die Bewältigung ihrer Ängste, Schuldgefühle und anderer Formen negativer Anspannungen seien. Eine schweigende Mehrheit der Betroffenen löst sich vermutlich nie von dieser zwanghaften Überzeugung. Dabei dienen religiöse Zwangshandlungen nicht wirklich dazu, Gottes Wohlgefallen zu erreichen. Das Gegenteil ist der Fall: Zwangshandlungen sind nicht die Lösung, sondern sie sind das Problem.

Zum Abbau von Zwangshandlungen bedient sich die Verhaltenstherapie der Reizkonfrontation mit Reaktionsverhinderung.

Bei einer Reizkonfrontation setzen sich Klienten angstauslösenden Reizen aus und unterbinden die unterschiedlichen neutralisierenden Zwangshandlungen.[27]
Bevor wir mit Reizkonfrontationen beginnen können, ist zu klären, welche Zwangshandlungen bei einer betroffenen Person vorliegen. Aufgrund der unübersichtlichen Vielfalt und der häufig vorliegenden Ich-Syntonie ist auch das Erkennen der Zwangshandlungen eine echte diagnostische Herausforderung. Zwangshandlungen werden im ICD-10 mit Zwangsritualen gleichgesetzt, was nach meiner Einschätzung eine radikale Vereinfachung ist. Ich gehe hier über das ICD-10 hinaus und definiere jedes Verhalten als Zwangshandlung, das Betroffenen zur Neutralisierung von negativer Anspannung dient. Neben den Ritualen zählen also auch mentale Rituale, Tabu und Rückversicherungen zu den Zwangshandlungen. Im folgenden Abschnitt werden Rituale, Tabu und Rückversicherung als typische Zwangshandlungen noch weiter erläutert.
Entsprechend der Beschreibung des ICD-10 werden Zwangsrituale wie Waschen oder Kontrollieren exzessiv wiederholt, mit großem Zeitaufwand und nach festen Regeln ausgeführt und dienen zur Beruhigung und zur Neutralisierung von negativer Anspannung. Die Ausführung von Zwangsritualen ist nicht wirklich erfolgreich, die gewünschte Beruhigung und Absicherung hält nur kurze Zeit an. Das typische Gefühl des »Richtigseins«, das die Betroffenen nach einer korrekten und vollständigen Abwicklung ihres Rituals schildern, ist nie nachhaltig. Die Beruhigung hält nur kurze Zeit an und wertet die Idee eines Zwangsgedankens nur noch weiter auf, was langfristig zu einer weiteren Verstärkung von irrationalen zwanghaften Überzeugungen und Anspannung führt. Darüber hinaus nehmen Zwänge in dem Maße zu, je mehr sie von außen durch Stress, Frustration und negative Anspannung gefüttert werden. Ein großer Anteil der Anspannung wird innerhalb des Zwangssystems zurückgefüttert. Der Zwang ist für die Spannung, die er benötigt, zum »Selbstversorger« geworden, weil jedes Ritual nur kurzfristig beruhigt, langfristig die Bedeutung des Zwangsgedankens sogar bekräftigt und damit selbst immer mehr Anspannung produziert.

Zwangsrituale werden von den Betroffenen meistens vor der Öffentlichkeit verborgen. Das, was zum Beispiel in den Medien von Zwängen präsentiert wird, sind meistens Zwangsrituale, die nur einen geringen sichtbaren Teil der Zwangssysteme abbilden. Zwangsgedanken, Anspannung und der größte Teil der Zwangshandlungen sind unsichtbar, sie sind damit für das Fernsehen ungeeignet und in weiten Teilen der Bevölkerung unbekannt. Es folgt hier nun die Darstellung unsichtbarer, weniger bekannter Zwangshandlungen:

Im ICD-10 werden mentale Zwangshandlungen nicht erwähnt, obwohl sie sehr häufig bei den Betroffenen vorkommen. Mentale Zwangshandlungen weisen alle oben beschriebenen Merkmale wie Neutralisierung und exzessive Wiederholung auf, mit dem besonderen Unterschied, dass mentale Zwangshandlungen im Kopf abgewickelt werden und daher unsichtbar sind. Durch das Merkmal »Unsichtbarkeit« können mentale Zwangshandlungen als Neutralisierungsrituale auch in der Öffentlichkeit ausgeführt werden. Beispielsweise räumte einer meiner Klienten ein, dass er bereits sechzigmal die Ecken eines Bildes an der Wand meiner Praxis gezählt hatte, um sich zu beruhigen. Ich hätte ohne dieses Eingeständnis wohl nie Kenntnis von diesem Ritual bekommen, dass dieser Klient rein mental abwickelte. Zwangsbetroffene entwickeln neben ihren mentalen Zwangshandlungen in ihrer privaten Umgebung zunehmend sichtbare Zwangshandlungen, weil diese eine größere Stärke aufweisen. Diese Verschiebung auf sichtbare Rituale können wir insbesondere bei Personen beobachten, die sich sozial völlig zurückgezogen haben. In der Öffentlichkeit werden Zwänge insgesamt zurückgehalten, öffentlich werden mehr mentale Rituale ausgeführt, unbeobachtet in der eigenen Wohnung werden Zwangshandlungen verstärkt ausgeführt mit einer Verschiebung des Schwerpunkts zu offen sichtbaren Zwangshandlungen, die dann nicht peinlich sind, weil es keine Zeugen gibt.

Laien, Betroffene ohne Therapieerfahrungen und auch unerfahrene Therapeuten verwechseln häufig Zwangsgedanken und mentale Zwangshandlungen. Typische mentale Zwangshandlungen sind das geistige Kontrollieren oder auch die Anfertigung eines »inneren Fotos« von einer kritischen Situation, indem sich Betroffene eine Situation möglichst genau einprägen und vorstellen. Dieses »innere Foto« wird immer wieder hervorgeholt, um das Gefühl von Beruhigung und Kontrolle darüber zu bekommen, ob die Kaffeemaschine, der Herd oder irgendein anderes Elektrogerät auch wirklich ausgeschaltet sind. Das »innere Foto« dient der Neutralisierung und ist daher den mentalen Zwangshandlungen und nicht den Zwangsgedanken zuzurechnen.

Weitere typische mentale Zwangshandlungen sind das stille Zählen, das stille Abarbeiten von Listen und eben auch ein sinnentleertes stilles Aufsagen von Gebetsformeln, die nur vordergründig religiös sind und in der Hauptsache der Neutralisierung von Anspannung dienen.

Zwanghafte Vermeidung oder, wie ich es auch gerne nenne, das zwanghafte Tabu, finden im Text des ICD-10 ebenfalls keine Erwähnung. Vermeidungen sind bei Angst- und Zwangsstörungen sehr häufig. Ähnlich wie beim Ritual dreht sich bei der Vermeidung alles um die Kontrolle der negativen Anspannung. Im Unterschied zum Ritual soll bei der Vermeidung das Aufkommen von Anspannung durch meidende Vorausplanung, Flucht oder Kontrollverhalten verhindert werden. Im Vergleich dazu soll bei Zwangsritualen eine bereits bestehende Anspannung neutralisiert werden. Eine völlige Verhinderung von Anspannung gelingt durch die Vermeidung jedoch nicht, genau das Gegenteil, die Erwartung von Anspannung, die berühmte Angst vor der Angst wird vor allem durch Vermeidungsverhalten erzeugt.

Statt Vorteilen überwiegen in Wirklichkeit die Nachteile: Vermeidung ist perfekt dafür geschaffen, falsche Annahmen, die mit Zwangsgedanken verbunden sind, zu konservieren. Weil durch Vermeidung natürlich auch die Möglichkeit korrigierender Erfahrungen ausgelassen wird. Das Verlassen der angestammten religiösen Gemeinschaft können wir auch als Vermeidungsstrategie bewerten, da auch dadurch korrigierende Erfahrungen durch die Gemeinschaft ausbleiben.

Die zwanghafte Rückversicherung ist bei Kontrollzwängen

besonders häufig. Rückversicherungen finden wir aber auch in Verbindung mit fast allen anderen Zwängen, insbesondere bei religiös-moralischen Zwängen.

Rückversicherungen haben stets einen systemischen Charakter, weil Betroffene für Rückversicherungen immer einen Partner brauchen, der die Rückversicherung leistet. In der Regel sind dies die nächsten Angehörigen, bei speziellen Formen von Verunsicherung werden aber auch Ärzte, Rechtsanwälte oder Pfarrer als Rückversicherungspartner in das System des Zwanges eingebaut. In meiner Therapie gilt die Regel: »Einmal Prüfen ist Menschenrecht!« Wenn Pfarrer und Seelsorger immer wieder die gleichen Fragen von einer Person mit den gleichen theologischen Argumenten beantworten, sind sie Teil eines Rückversicherungssystems geworden, das den Zwang bei der betroffenen Person bekräftigt.

Bei der Rückversicherung sehen wir einen Typ von Zwangssymptom, bei dem Behandler die Partner von Rückversicherung in die Therapie einbeziehen müssen. Wenn die Partner von Rückversicherung dieses Verhalten aufgeben, fördert dies nachweislich die Prognose der Betroffenen.[28]

Rückversicherungen führen genau wie Rituale und Tabus dazu, zwanghafte Ideen und Vorstellungen zu verstärken. Die Beruhigung durch Rückversicherung ist ebenfalls nicht nachhaltig, vielmehr verlernen die Betroffenen es immer mehr, sich auf ihre eigenen Entscheidungen und Wahrnehmungen zu verlassen.

Theologische Vorschläge zur Therapie

Neben einigen theologischen Hilfen für die Therapie im Ganzen, gibt uns Hartmut Becks im Folgenden Empfehlungen für die Gestaltung einer Reizkonfrontation bei religiösen Zwängen:

1) Gebete dienen der geistlichen Erhebung und Kontemplation. Im Kontext des Zwangsrituals aber übernehmen Gebete die Funktion, negative Anspannungen zu neutralisieren und werden zuneh-

mend als Absolvierung einer Pflichthandlung verstanden, die nach bestimmten Normen zu vollziehen ist. Werden Gebete nicht in vorgeschriebener »Haltung« vollzogen oder inkorrekt ausgesprochen, befürchten viele Betroffene entsprechend negative Folgen und Strafen für ihr unmittelbares oder auch zukünftiges Leben. Das Gebet wird so angstbesetzt. Wichtig wäre darum unbedingt das langsame Erproben von »nicht-ritualisierten« Gebetsformen, von spontanem Gebet oder auch anderer ungeformter Sprache. Auch die bewusste Artikulierung von eigenen Befürchtungen, Zwangsgedanken, vielleicht sogar Flüchen oder Verunglimpfungen im Gebet ist nicht ausgeschlossen. Zu erfahren wäre: Gott ist nicht durch die Ehrlichkeit und Offenheit meiner Seele zu beleidigen, denn er kennt doch meine Zwänge und Ängste besser als ich. Er wird in seiner Barmherzigkeit und Liebe immer meinen Zwängen zuvorkommen. Der Betende könnte so erfahren, dass dieser bewussten Artikulation nicht eine unmittelbare Strafe folgt.

2) Immer wieder wird von Betroffenen die große Sorge geäußert, dass sich hinter ihrer eigenen, ernst gemeinten und ehrfürchtigen Religiosität tatsächlich »getarnte diabolische Energie« verbirgt. Sie zweifeln also selbst daran, ob ihre Frömmigkeit nicht in Wahrheit teuflisch ist. Sie fühlen sich vom Satan manipuliert, der darum immer wieder »gotteslästerliche Gedanken« einflüstert, die sie dann aber mit aller Gewalt vermeiden möchten, um keine Strafe auf sich zu ziehen. Diese Verunsicherung führt unwillkürlich zu einer erheblichen Destabilisierung der persönlichen Selbsteinschätzung, zu einer Labilität des Ichs. Hier wird aber wie selbstverständlich davon ausgegangen, dass es eine Machtsphäre gibt, die dem Herrschaftsanspruch Gottes zumindest gleichberechtigt, wenn nicht überlegen ist. Theologisch muss aber gefragt werden, ob wir dem Bösen absolute Souveränität zubilligen wollen oder sie nicht vielmehr auch unter Gottes Regiment allein zu verorten haben. Will sagen: Es kann keinen Bereich geben, der der Liebeskraft Gottes entzogen ist. Es gibt keine ebenbürtige Gegenkraft, die stärker als die Liebe wäre.

Nach christlichem Verständnis ist nicht durch uns, sondern schon längst vorher durch Jesus Christus die Herrschaft des Teufels zer-

brochen. Das bedeutet aber: Wenn es Versuchungen, böse Gedanken oder Gewaltfantasien gibt, haben die eher mit mir selber zu tun, mit meinen Ängsten und Sorgen, mit meinen Aggressionen und Verletzungen. Eine Verschwörungstheorie, die diese auf andere eigenständig bösen Mächte schieben möchte, die einen beeinflussen, ist für einen gläubigen Menschen ausgeschlossen. Gott weiß um unsere Sünde, unsere Dunkelheiten und unsere Zerrissenheit, die seine Liebe ja gerade heilt. Was also geschehen müsste in seelsorgerlicher Hinsicht: Eine »Entzauberung« des satanischen Vorstellungskreises überhaupt, um nicht von den eigenen Ängsten und Befürchtungen, auch von eigenem Dunkel und Aggressivem abzulenken. Luther dichtet: »Und wenn die Welt voll Teufel wär und wollt uns gar verschlingen, so fürchten wir uns nicht so sehr, es soll uns doch gelingen.«
»Der Mensch ist radikal böse«, sagt Immanuel Kant. Aus sich heraus kann gar kein Mensch nur Gutes hervorbringen. Dies kann eine sehr heilsame Nachricht für Menschen sein, die ernsthaft davon ausgehen, man könne ein nur »reines« oder gar »sündenfreies« Leben führen. Es ist überaus wichtig für unseren Zusammenhang, sich über die wahre Natur des Menschen klar zu sein, die immer aus Mischungen zwischen Hell und Dunkel besteht. Es ist entlastend, reell und realistisch, auf die bleibende Unzulänglichkeit des Menschengeschlechts überhaupt zu verweisen. Hier könnte es zum Beispiel hilfreich sein, die Lebensgeschichte von Mutter Theresa einmal sehr genau zu studieren und zu verinnerlichen, um zu erkennen, wie viel vermeintlich Gotteslästerliches, Ungläubiges und Böses sich selbst in diesem Leben einer Seliggesprochenen befindet.

3) Das Bedürfnis, alle »lästerlichen« und »abscheulichen« Gedanken gegenüber Gott zu kontrollieren und möglichst zu vermeiden, entspringt paradoxerweise der Vorstellung, man könne ein reines, kindlich unschuldiges Bewusstsein haben. Tragisch ist eben nur, dass gerade durch den Kontrollzwang diese furchtbaren und absurden Gedanken in der Regel noch viel stärker und umso bedrängender auftreten. Der Vermeidungsdruck erzeugt geradezu das zu verhindern Gewünschte erst recht. Insofern muss wieder gelernt

werden, dass der menschliche Geist immer wieder durch alle möglichen Gedanken durchflutet wird, die wir nicht steuern können und auch nicht steuern brauchen. Wie auf einem Fluss Schiffe herangefahren kommen, die wir nicht erwartet haben, so kommen auch Gedanken. Wenn man am Ufer eines Flusses steht, kann man aber zusehen, wie die Schiffe langsam vorüberziehen, bis sie schließlich in der Ferne nicht mehr sichtbar sind. So gehen auch alle Gedanken wieder weiter. Therapeutisch würde dies bedeuten: Lerne, dass du alle Gedanken denken darfst. Die Gedanken sind frei. Sie sind in jeder Sekunde millionenfach in allen Menschen vorhanden. Bilde dir nicht ein, dass du sie steuern könntest. Gedanken kommen und gehen. Gott weiß das. Umso mehr du offen und angstfrei über die Beobachtungen deiner Gedanken reden kannst, umso heilsamer ist dies für die Zwänge. Zusammen mit einem Geistlichen könnte es durchaus hilfreich sein, in einer Kirche oder an einem anderen religiösen Ort auch die schweren und blasphemischen Gedanken beim Namen zu nennen und auszusprechen, um ihnen gerade dadurch diese magische Macht zu nehmen. Es gibt nämlich keine Gedanken oder Worte, die Gott nicht schon zuvor wüsste. Du kannst Gott nicht überraschen. Du bist es doch gar nicht, der die Boote auf den Fluss gesetzt hat, sondern sie kommen und fahren weiter. Nimm sie nicht zu wichtig. Stell dich mit Gott gemeinsam ans Ufer deiner Gedanken und du wirst sehen, wie es guttut, gemeinsam die Dinge loszulassen oder vorbeifahren zu sehen.

4) »Selig, die Leid tragen!« – Viele Menschen sehen ihr ganzes Leben durch den Zwang verdunkelt und sind entmutigt, weil sie schon so viel Energie und Zeit mit all den selbst auferlegten Ritualen und verkorksten Gedankenwindungen verbracht haben. Das ist zu verstehen. Aber doch ist die totale Resignation nicht angebracht. Hat dies Leiden vielleicht doch einen tieferen Sinn, hat mich die bedrückende Geschichte meines Zwangs womöglich auch verändert oder sogar tiefgründiger werden lassen? Die Auseinandersetzung und das Ringen als »verloren« zu sehen, ist jedenfalls nicht ganz richtig.

Selbst in dem scheinbar Sinnlosen ist ein Weg verborgen, der mit dir und deinem Ziel zu tun hat. Selbst Luthers Leiden hat am Ende zu Großem geführt, das er selbst nie für möglich hielt.

Erfolgreiche Bewältigung von Zwängen

Über den Erfolg einer Therapie entscheiden vier wichtige Faktoren

- Die Motivation, Offenheit und Umstellungsfähigkeit des Klienten
- Die Kompetenz und Erfahrung des Therapeuten im Bereich der Zwangserkrankungen
- Die Qualität der Beziehung und des therapeutischen Bündnisses
- Der Zeitpunkt des Beginns einer angemessenen Therapie

Gerade der vierte Aspekt hat sich in den vergangenen 30 Jahren sehr zum Positiven entwickelt. Ab Mitte der 90er Jahre habe ich mich selbst in der Öffentlichkeitsarbeit der Deutschen Gesellschaft Zwangserkrankungen engagiert. Dazu zählte unter anderem die inhaltlich hochwertige Gestaltung von Gesundheitssendungen mit dem Thema Zwangserkrankungen. Spürbar effektiv war aber auch das Mitwirken in Talkshows, in denen das Thema Zwangserkrankung einem Massenpublikum bekannt gemacht wurde. In der Folge erreichten Tausende von Anrufen und Waschkörbe voller Post die Geschäftsstelle der Deutschen Gesellschaft Zwangserkrankung. Fast immer waren die Anrufer beziehungsweise Absender Betroffene oder ihre Angehörigen, die nach Wegen in der Therapie suchten.

Mit Hilfe dieses Buches möchte ich eine gezielte Öffentlichkeitsarbeit für den Bereich Zwang und Religion fortsetzen, da ich davon überzeugt bin, dass in diesem Bereich der Bedarf für Aufklärung noch besonders groß ist.

Die wissenschaftliche Befundlage spricht hier eine sehr deutliche Sprache: Spontane Besserungen sind bei Zwangserkrankungen äußerst selten, Trost und gute Ratschläge alleine reichen in der Regel nicht aus, klinisch relevante Aussicht auf Besserung besteht nur dann, wenn Zwangspatienten bestimmte Medikamente (SSRIs) einnehmen oder Reizkonfrontationen unter Anleitung eines erfahrenen Verhaltenstherapeuten machen (Reinecker 1994, Seite 114 und folgende).

Der Teufelskreis des Zwangs

Verhaltenstherapeuten betrachten vorrangig Ursachenfaktoren, die den Zwang aufrechterhalten und die in der Gegenwart wirken. Weit zurückliegende Ursachen werden in der Verhaltenstherapie vernachlässigt, genießen dafür in der Persönlichkeitsforschung, in psychoanalytischen oder biologischen Ansätzen eine größere Aufmerksamkeit.[29] Diese genannten, weit zurückliegenden Ursachen können manchmal erklären, warum ein Zwang bei manchen Leuten entstehen kann und bei manchen nicht.

Formale Modelle, wie die eines Teufelskreises, passen gut zur Strategie der Verhaltenstherapie und erklären, welche aktuellen Faktoren zur Stabilität der Zwänge beitragen. Das unten beschriebene kognitive Modell für Zwangsstörung von Paul Salkovsky ist das Modell, das in der Forschung und in der Ausbildung zum Verhaltenstherapeuten am häufigsten zitiert wird.

Für die Psychoedukation in der Therapie von Betroffenen und Angehörigen bevorzuge ich ein vereinfachtes kognitives Modell und nenne dies »Teufelskreis Zwang«. Betroffene ohne Therapieerfahrungen beschreiben ihren Zwang als einen kon-

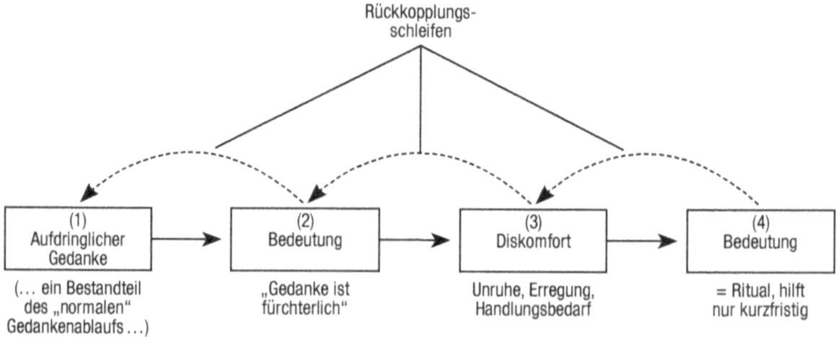

Kognitves Modell für Zwangsstörung[30]

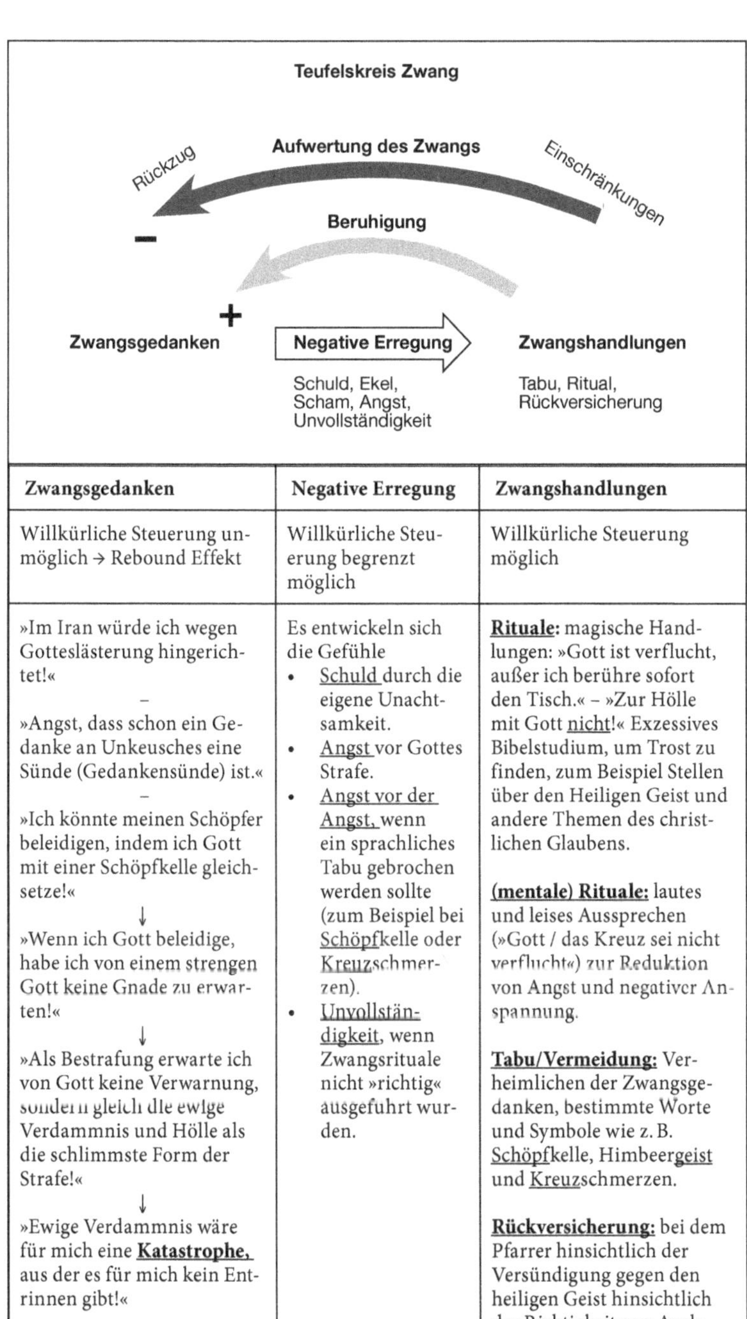

Zwangsgedanken	Negative Erregung	Zwangshandlungen
Willkürliche Steuerung unmöglich → Rebound Effekt	Willkürliche Steuerung begrenzt möglich	Willkürliche Steuerung möglich
»Im Iran würde ich wegen Gotteslästerung hingerichtet!« – »Angst, dass schon ein Gedanke an Unkeusches eine Sünde (Gedankensünde) ist.« – »Ich könnte meinen Schöpfer beleidigen, indem ich Gott mit einer Schöpfkelle gleichsetze!« ↓ »Wenn ich Gott beleidige, habe ich von einem strengen Gott keine Gnade zu erwarten!« ↓ »Als Bestrafung erwarte ich von Gott keine Verwarnung, sondern gleich die ewige Verdammnis und Hölle als die schlimmste Form der Strafe!« ↓ »Ewige Verdammnis wäre für mich eine **Katastrophe,** aus der es für mich kein Entrinnen gibt!«	Es entwickeln sich die Gefühle • Schuld durch die eigene Unachtsamkeit. • Angst vor Gottes Strafe. • Angst vor der Angst, wenn ein sprachliches Tabu gebrochen werden sollte (zum Beispiel bei Schöpfkelle oder Kreuzschmerzen). • Unvollständigkeit, wenn Zwangsrituale nicht »richtig« ausgeführt wurden.	**Rituale:** magische Handlungen: »Gott ist verflucht, außer ich berühre sofort den Tisch.« – »Zur Hölle mit Gott nicht!« Exzessives Bibelstudium, um Trost zu finden, zum Beispiel Stellen über den Heiligen Geist und andere Themen des christlichen Glaubens. **(mentale) Rituale:** lautes und leises Aussprechen (»Gott / das Kreuz sei nicht verflucht«) zur Reduktion von Angst und negativer Anspannung. **Tabu/Vermeidung:** Verheimlichen der Zwangsgedanken, bestimmte Worte und Symbole wie z. B. Schöpfkelle, Himbeergeist und Kreuzschmerzen. **Rückversicherung:** bei dem Pfarrer hinsichtlich der Versündigung gegen den heiligen Geist hinsichtlich der Richtigkeit von Auslegungen.

turlosen Matschball, ohne eine erkennbare Struktur. In einer guten Therapie lernen Klienten erst ihre verschiedenen Symptome (Anspannung, Zwangsgedanken und Zwangshandlungen) kennen, die sie vorher automatisiert und größtenteils fern von ihrem Bewusstsein ausgeführt haben.

Anschließend entwickle ich den Teufelskreis gemeinsam mit meinem Klienten, wie ich es hier am konkreten Beispiel von Herrn F. aus unserer ersten Fallgeschichte demonstrieren möchte.

Mit dem Teufelskreis lernen Klienten, wie die einzelnen Elemente ihres Zwanges funktional zusammenwirken. Verstehen Klienten, wie ihre Zwänge funktionieren, fällt es ihnen leichter, aus dem System ihrer Zwänge auszusteigen.

Der Teufelskreis Zwang macht Betroffenen und Angehörigen sofort deutlich, was zu tun ist: Den Kreislauf des Zwangs kann man unterbrechen, wenn man die drei Arten von Zwangshandlungen (Tabu, Ritual und Rückversicherung) erkennt und unterlässt. Das nennen wir Reizkonfrontation mit Reaktionsverhinderung. Aufgrund des Rebound-Effekts (Lila-Eisbär-Paradox) sind Versuche der Vermeidung und Unterdrückung von Zwangsgedanken zum Scheitern verurteilt und Therapeuten empfehlen ihren Klienten die bedingungslose Akzeptanz der Zwangsgedanken.

Der Teufelskreis schließt eine doppelte Rückkopplung aus Profit und Kosten der Zwänge ein. Der erste Rückkopplungspfeil ist in unserer Grafik mit einem Pluszeichen (+) gekennzeichnet und soll den vermeintlichen Profit darstellen, den ein Zwangsbetroffener aus seinen Zwangshandlungen zieht. Dieser Profit bringt Betroffene dazu, die Zwangshandlungen entgegen ihrer Einsicht immer und immer wieder auszuführen: Nach der Angstreduktionshypothese erzielen Zwangshandlungen eine kurzfristige entspannende Wirkung, was wir eine negative Verstärkung nennen. Wahrscheinlich ist nicht nur die Angstreduktion, sondern parallel ein kurzfristiger Gewinn an Kontrolle, Sauberkeit oder Frömmigkeit, dem wir eine flüchtige positive Verstärkerwirkung der Zwangshandlungen zuschreiben können.

Der Profit aus den Zwangshandlungen wird mit sehr hohen

Kosten erkauft, was den Betroffenen meistens erst sehr spät bewusst wird. Der zweite Rückkopplungspfeil in unserem Modell, der in der Grafik des Teufelskreises mit einem Minuszeichen (–) gekennzeichnet ist, soll die Kosten der Zwangshandlungen darstellen. Neben vielen Einschränkungen, psychosomatischen Erkrankungen, Sucht, Depressionen und dergleichen bringen Zwangshandlungen vor allen Dingen eine immense Aufwertung der unsinnigen Bedeutung von Zwangsgedanken.

Nach der Theorie der Selbstwahrnehmung von Bem steht ein Mensch, der aus seinem Inneren nur schwache Signale erhält, in einer mehrdeutigen, schwer interpretierbaren Wahrnehmung der eigenen Person. Wie ein externer Beobachter verlassen sich Menschen mit einer geringen Selbstwahrnehmung auf externe Signale. Zwangskranke vertrauen eher der verunsichernden Botschaft ihrer außen angesiedelten Zwangshandlungen als den guten Signalen aus ihrem inneren Selbst.

J. Kuhl[31] beschreibt in seiner Persönlichkeitstheorie einen Zustand innerer Selbstentfremdung, die er Lageorientierung nennt. Lageorientierte Personen zeichnen sich durch eine große Sensibilität für Details und für Misserfolg aus, dagegen fällt ihnen die Wahrnehmung der eigenen inneren Signale wie Bedürfnisse und Fähigkeiten sowie die Unterscheidung von wichtigen und unwichtigen Dingen sehr schwer. Die hohe Lageorientierung bei Zwangskranken konnte von Hautzinger und Hartrampf[32] nachgewiesen werden.

Zwangserkrankte sind also Menschen mit einer geringen Selbstwahrnehmung und verlassen sich bei der Deutung ihrer inneren Zustände auf die Beobachtung ihrer (Zwangs-)Handlungen, um auf die Bewertung der eigenen Person zu schließen. Das heißt, ein Mensch, der sich exzessiv wäscht, schließt daraus, dass die Welt schmutzig ist und dass er sich vor gefährlichem Schmutz schützen muss. Ein Mensch mit Kontrollzwängen entwickelt daraus die Selbsteinschätzung, dass seine Konzentration und sein Gedächtnis wohl Defizite aufweisen müssen, dass die eigenen Sinne wohl wenig leistungsfähig sind, was nicht der Fall ist.

Durch die Beobachtung ihrer religiösen Zwangshandlungen

kommen Betroffene zu der Schlussfolgerung, dass sie selbst sündig und minderwertig sind und dass sie von Gott nichts als eine kritische Beobachtung und Strafe zu erwarten haben.

Auch wenn Anspannung kurzfristig durch Zwangshandlungen neutralisiert wird, steigern Zwangshandlungen Anspannung (zum Beispiel bei Schuldgefühlen) langfristig immer weiter. Nach dem Kontiguitätsprinzip, dass wir bei B. F. Skinner kennengelernt haben, steuern kurzfristige Verstärker (Angstreduktion) unser Verhalten stärker als die vielen langfristigen negativen Folgen: Zwangshandlungen verstärken die Bedeutung irrationaler Zwangsgedanken, schränken Arbeits- und Liebesfähigkeit immer weiter ein und treiben die Kosten des Zwanges in sehr große Höhe.

Hier schließt sich der Teufelskreis: Betroffene werten die Bedeutung ihrer Zwangsgedanken durch Zwangsrituale und Zwangstabus immer weiter auf, bis es ihnen fast unmöglich wird, ihre Zwangshandlungen zu unterlassen.

Die beiden Elemente Selbstentfremdung/Lageorientierung und Teufelskreis Zwang sind die beiden Konstanten, die wir bei Zwängen immer wieder finden. Angesichts der großen Vielfalt der Zwänge in Ursachen und Erscheinungsbild haben wir mit dem Teufelskreis und mit der Selbstentfremdung zwei wesentliche Aspekte gefunden, mit denen sich Zwänge bewältigen lassen. Zwänge lassen sich bewältigen, wenn der Teufelskreis durchbrochen wird, und wenn Menschen dazu kommen, ihre eigenen Träume und Leidenschaften zu leben. Martin Luther lebte seinen Traum, trat ins Kloster ein und verließ damit die von seinem Vater vorgezeichnete und recht aussichtsreiche Karriere als Jurist. Später als Mönch und Theologe widersprach Luther den herrschenden geistlichen und weltlichen Autoritäten. Luthers hier sichtbare Neigung zur Selbstbehauptung prägt bis heute unser Gottesbild und half Luther bei der Bewältigung seiner Zwänge.

Störungen in der primären Elternbindung können eine von vielen Ursachen sein, die Selbstentfremdung verursachen. Unser nächstes Fallbeispiel, das einer meiner ehemaligen Klienten aufgeschrieben hat, und die Geschichte von Martin Luther, die uns

Hartmut Becks schildert, zeigen uns, dass Selbstentfremdungen in der Erziehung sehr unterschiedlich erzeugt werden und dass der Zusammenhang von Zwängen und der primären Elternbindung komplex und vielfältig ist. Eine strenge Vaterfigur, wie Hans Luther, der Vater von Martin Luther, kann sich auf ein strenges Gottesbild übertragen. Das kommende Fallbeispiel von A.D. aus der Gegenwart lässt uns aber diese strenge Vaterfigur vermissen, wie sie Luther hatte, dennoch bildeten sich auch hier Zwänge im Sinne eines strafenden Gottes aus.

In meinem Buch »Zwänge bewältigen« finden interessierte Leser noch mehr zu den Themen Ursachen und Therapie von Zwangsstörungen.

10. Zwangsstörung – eine religiöse Perspektive

von A. D.

Der Mann in meinem Kopf

Ich war eigentlich ein sehr normales Kind. Ich hatte eine schöne Kindheit, hatte unglaublich liebevolle Eltern, ging in die Schule und machte meine Hausaufgaben. So wie fast jedes Kind. Eigentlich war alles ganz normal. Ich wurde getauft, bekam Religionsunterricht und wurde im Laufe meines jugendlichen Lebens auch gefirmt. Darüber hinaus bat mein Umfeld nicht viele religiöse Anlaufpunkte. Meine Eltern waren der Religion positiv gegenüber ausgerichtet, hatten aber trotzdem eine gewisse Distanz zu ihr. Meine Mutter ist evangelisch und mein Vater katholisch. Somit wuchs ich in diesem Umfeld zu einem Menschen heran, dem Religion zwar etwas bedeutete und der diese auch achtet, aber der diesem Thema ansonsten nicht sehr nahestand.

Jedoch fühlte ich mich trotz all der »Normalität« in meinem Leben ein wenig unnormal, ein wenig unkonventionell. Als kleines Kind teilte ich meiner Tante ein großes Geheimnis mit: »Du, weißt du was? Ich habe einen Mann im Kopf.« Damals bedeutete dies nicht viel und trotz des »Mannes in meinem Kopf« lebte ich wie gesagt ein sehr normales Leben.

Doch dieser »Mann im Kopf« hatte eine unangenehme Eigenschaft, nämlich, mit mir gemeinsam zu wachsen. Als Kind bemerkte ich ihn dann, wenn ich mal wieder viermal anstatt dreimal auf irgendwelche Dinge tippen musste (denn für mich als Kind war die DREI in irgendeiner Weise böse). Oder wenn ich auf dem Schulhof nur auf die langen und nicht auf die kurzen Fliesen treten durfte. Ansonsten hatte ich als kleines Kind gar nicht ganz so viel mit dem Mann im Kopf zu tun ...

Doch irgendwann fand der Mann im Kopf Gefallen daran, mir komische Gefühle einzuflößen. Ich weiß es noch, als wäre es ges-

tern gewesen. Ich saß im Geschichtsunterricht. Ich glaube, wir haben die Gewaltenteilung von John Locke und Montesquieu behandelt. Ich schaute den Lehrer an und sah im Augenwinkel das Jesuskreuz an der Wand hängen. In vielen der Klassenräume hing ein Kreuz. Jedoch begann dieser Anblick mir ernsthafte Probleme zu bereiten.

Haben Sie irgendeine Ahnung, wieso? Können Sie irgendeinen Grund ersinnen, wieso dieser Anblick in mir Unbehagen auslöste?

Der Anblick von Jesus Christus, der fast nackt am Kreuz hängt, machte mir sehr zu schaffen, da ich den Grundsatz hatte, Religion und sexuelle Themen nicht vermischen zu dürfen und ansonsten bestraft werde. Auch wenn an diesem Anblick nichts offensichtlich Sexuelles zu finden ist, bildete mir mein Mann im Kopf trotzdem ein, dass ich hierbei ein klares Tabu überschreite. Also schaute ich meinen Lehrer fortlaufend nur noch halb an und versuchte krampfhaft, nicht auf das Jesuskreuz zu schauen.

Doch von wem sollte ich da eigentlich bestraft werden?

Ich war der Auffassung, dass ich von einer höheren Entität, ja von Gott selbst, bestraft werden würde. Aber stopp mal … Ist nicht von einem lieben Gott die Rede? Ist nicht von einem Gott der Güte die Rede nach dessen Abbild wir erschaffen wurden? Warum also sollte dieser Gott mich bestrafen, wenn er mich doch so, wie ich bin (mit all meinen Fehlern), erschaffen hat und mich liebt? Wenn er nicht gewollt hätte, dass ich Fehler mache, dann hätte er mich perfekt erschaffen. Hat er aber nicht … Also darf und soll ich auch Fehler machen. Aber das habe ich damals noch nicht verstanden und auch heutzutage quäle ich mich noch mit der Idee von »Bestrafung« (auch wenn ich nun denke, dass nicht Gott, sondern Karma oder eine andere Macht mich bestrafen wird. Aber das ist eine andere Geschichte).

»Gott sieht und hört alles«, hat meine Mutter damals einmal gesagt und dachte sich wahrscheinlich nicht viel dabei, als sie mir dies als Kind mitteilte. Und für die meisten Kinder ist dieser Satz vermutlich auch nicht so sonderlich spektakulär. »Dann soll er das

halt tun«, werden sich viele Kinder wohl denken. Eines Tages jedoch, als ich in meinem kindlichen Übermut mit meiner Mutter stritt, ertönte draußen ein Donner, obwohl an diesem Tag schönes Wetter war. Meine Mutter sagte daraufhin: »Siehst du, das war die Warnung. Kleine Sünden bestraft der liebe Gott sofort«, und ich erstarrte. Sie meinte dies in keinster Weise böse und auch ich hielt mich nicht lange mit diesem Gedanken auf, jedoch schien er sich unterbewusst seinen Weg in mein Innerstes zu bahnen. Wenn Gott alles sieht und hört und mich auch bestrafen kann, dann muss ich vorsichtig sein, dachte ich bei mir. Da ich im Grunde immer ein lieber Junge war, bereitete mir das »Bravsein« keine so großen Probleme. Jedoch aber kein falsches Wort sagen oder gar denken zu dürfen (denn auch in Gedanken ist Gott), setzte mich sehr unter Druck. Auch wenn ich nicht die Absicht hatte, schlechte Dinge zu sagen oder zu denken, schränkte mich dieser Gedanke, es nicht zu dürfen, sehr ein.

Im weiteren Verlauf meines Lebens hatte ich dann immer häufiger mit dem »Mann im Kopf« zu tun, der sich mit Vorliebe religiöse Themen ausgesucht hat, um mir zuzusetzen. Beispielsweise schlich sich bei mir der Zwang ein, jeden Tag beten zu müssen. Sie können sich sicher vorstellen, wie schlecht ich mich fühlte, als ich im Urlaub an einem Abend vor dem Schlafengehen vor lauter Müdigkeit vor dem Beten einschlief. Am nächsten Tag fühlte ich mich schrecklich und ich bat Gott häufige Male um Vergebung für mein Sündigen. Irgendwann verstand ich dann, dass Beten eine Aktivität ist, die einem persönlich zu Wachstum verhelfen und nicht nur aus einem zwanghaften Gefühl heraus praktiziert werden sollte. In einem anderen Urlaub lernte der »Mann im Kopf« plötzlich sprechen und kommunizierte nicht mehr nur mit Gefühlen. Der »Mann im Kopf« erzählte mir in diesem Urlaub ganz aus heiterem Himmel »Gott tötet«. Dies war eine krasse Aussage und komplett an den Haaren herbeigezogen. Ich glaube der »Mann im Kopf« hat diese Aussage generiert, da ich mich krampfhaft gegen Blasphemie gestellt habe und er wusste, dass er mir damit auf eine gewisse Weise schaden konnte. Ich war ein bisschen perplex aufgrund dieser Aussage und da sich bei dieser Aussage der »Mann im Kopf« auch auf gewisse Weise Zugang zu meiner Gefühlswelt verschaffte, fühlte ich ein Unbehagen gegenüber Gott. Ich sagte dem »Mann im Kopf« dann: »Falls das so sein sollte, dann lebe ich eben ohne Gott.« Und dann war es um mich geschehen. Das war wohl die größte Blasphemie, die ich zu Lebzeiten begangen hatte, und ich wusste, dafür musste ich bestraft werden. Von Gott bestraft werden, der mich wohl fortan ignorieren wird und mir seine Unterstützung entzieht. Diese Sorge blieb einige Zeit bei mir. Glücklicherweise jedoch traf ich im selben Urlaub einen Religionslehrer, mit dem ich mich über solche Themen austauschen konnte. Er sagte mir liebevoll, dass Gott mich niemals im Stich lassen wird und ich mir immer seiner vollsten Unterstützung sicher sein könne. Das half mir damals sehr und bis heute bin ich dieser Überzeugung.

Dies war ein Ausschnitt aus meinem Leben bis hin zum jugendlichen Alter. In verschiedenen Abständen in meinem Leben hatte ich Kontakt zu diversen Psychologen, um mich selber und meine unnormalen Gedanken/Sorgen besser verstehen zu können. Die Gründe für die Besuche bei den Psychologen waren sehr vielfältig. Als Kind suchte ich psychologische Unterstützung für die kleinen Zwänge (zum Beispiel das dreimalige Tippen und die Fliesen auf dem Schulhof, wie vorher beschrieben). Der Psychologe meinte jedoch, dass alles okay mit mir sei, dass ich ein normales Kind wäre und dass ich über eine hohe Intelligenz verfügen würde. Später suchte ich dann einen Psychologen auf wegen der Sorgen um das Vermischen von Sexualität und Religion und für die allgemeinen »schlechten« Gedanken, die ich hatte. Das allgemeine Thema war die Angst, bestraft zu werden für Dinge, die ich falsch sage, tue oder denke. Ein Psychologe sagte mir dann, dass wir Positives und Negatives in uns trügen und wir uns entscheiden können, was wir im Leben wählen. Alle Gedanken aber hätten ihre Berechtigung und es sei normal, auch eine »dunkle« Seite in sich zu tragen. Wir müssten halt nur schauen, wofür wir uns entscheiden wollen. Das ist das, was im Endeffekt zähle. Auch diese Einsicht half mir weiter.

Irgendwann gab der »Mann im Kopf« für eine längere Zeit Ruhe und meldete sich nur noch sporadisch. Während der Zeit rund um mein Abitur kam er wieder etwas stärker zum Vorschein und ich legte eine Liste meiner Beschwerden an (körperlicher und seelischer Natur). Diese deuteten auf eine Art Depression hin und mein damaliger Psychiater verschrieb mir dann Antidepressiva. Diese nahm ich circa 6 Monate ein, bis ich mich dazu entschied, die medikamentöse Therapie aufgrund von Erfolglosigkeit abzubrechen. Ich besann mich danach mehr auf mich und meine Positivität, wodurch ich den »Mann im Kopf« gut in den Griff bekam.

Dies ging ungefähr fünf Jahre gut, bevor der »Mann im Kopf« oder von mir nun lediglich »Kopf« genannt zurückkam. Die Themengebiete meiner Sorgen sind sehr vielfältig und docken an verschiedensten Lebenssituationen an. Die Religion war zu Beginn immer noch ein sehr großes Thema. Jegliche Art von Kritik gegenüber Gott, der Kirche oder anderen religiösen Institutionen/Menschen wurde mir von meinem »Kopf« direkt als eine Art Blasphemie ausgelegt. Aber auch außerhalb der Religion ist mein »Kopf« fündig geworden. Die Themen dabei handeln immer von zwanghaften Schuldgefühlen, die hervorgerufen werden, wenn ich anderen Menschen/Lebewesen schade oder ich sonst etwas »moralisch Verwerfliches« tue. Das Problem hierbei ist, dass die Richtlinien für das »moralisch Verwerfliche« von meinem »Kopf« aufgestellt werden, wodurch quasi 99 Prozent von dem, was ich tue, in irgendeiner Art verwerflich sein kann.

Dieses Verwerfliche muss natürlich laut meinem »Kopf« bestraft werden. Und hierbei hat mein »Kopf« ein sehr interessantes System ausgeklügelt. Immer dann, wenn ich etwas »falsch« mache, komme ich direkt in den »Verurteilungsmodus« hinein. In diesem wird mir dann die »Anklage« verlesen und mir wird nahegelegt, mein Verhalten zu ändern. Dieser gesamte Prozess läuft übrigens unterbewusst und blitzschnell ab. Falls ich mein Verhalten jedoch nicht ändern möchte (weil ich es zum Beispiel persönlich als komplett in Ordnung erachte), dann werde ich mit sofortiger Wirkung bestraft. Diese Bestrafung sieht dann so aus, dass ich einfach völlig blockiert bin. Dies kann ich am besten anhand des folgenden Beispiels erklären.

Zwang in meinem Alltag

Nehmen wir an, es ist Montagmorgen und ich bin auf dem Weg zur Arbeit. Ich bin Dozent und habe an diesem Tag eine Reihe an Vorlesungen zu halten. Auf dem Weg mit dem Auto zur Arbeit fahre ich durch eine 30er Zone direkt an einer Schule, es ist aber kein Schulkind auf den Bürgersteigen zu sehen. Nehmen wir nun an, ich fahre zwar 30 Stundenkilometer, gucke aber nicht mehrmals links und rechts, um auch wirklich sicherzugehen, dass kein Schulkind auf die Straße läuft. Dann ist der erste Impuls meines Kopfes: »Du weißt schon, dass du damit jetzt ein Schulkind in Gefahr hättest bringen können?« Dies ist der »Zwangsgedanke«, der weiter vorne in diesem Buch im Kapitel »Teufelskreis des Zwangs« beschrieben wird. Daraufhin denke ich mir dann: »Ich hatte einen guten Überblick; alles ist okay.« Somit gehe ich nicht auf die Provokation ein. Mein »Kopf« jedoch nimmt dies als Anlass, um mich zu bestrafen. In der Universität angekommen setzt sich dann wie durch Magie eine Art »Schranke« in meine Gedanken, wodurch ich mich blockiert fühle. Darüber hinaus schafft der »Kopf« es, in mir drin ein Gefühl der Schuld entstehen zu lassen und ich fühle mich dann quasi so, als hätte ich wirklich ein Kind angefahren und schwer verletzt. Dies alles soll dazu dienen, dass ich mein Verhalten doch noch überdenke und das nächste Mal dann (nach den Maßstäben des »Kopfes«) richtig handele. Dieses Gefühl der Schuld kommt der »negativen Erregung« gleich, auf die auch im »Teufelskreis des Zwangs« hingewiesen wird. Sie können sich vorstellen, wie »gut« dann die Vorlesung wird, wenn ich mich blockiert fühle und mich Schuldgefühle plagen. Während der Vorlesung bin ich dann die gesamte Zeit darauf fokussiert, den Stoff einigermaßen verständlich rüberzubringen und keinen Fehler zu machen. Ich fühle mich unsicher und es ist leicht, die Verbindung zu den Studenten zu verlieren. Somit sind die Vorlesungen für mich oftmals eine Qual und man möchte die Zeit so schnell wie möglich hinter sich bringen. Einige Zeit nach den Vorlesungen verfliegt dann das Schuldgefühl und ich beginne mich wieder auf die Anforderungen des Alltags konzentrieren zu können. Ich verstehe dann langsam, dass das Schuldgefühl (wieder mal) eine Einbildung des »Kopfes« war. Ganz konkret lässt also die »negative Anspannung« Stück für Stück nach, wenn man auf die Provokationen des »Kopfes« nicht eingeht. Ich merke auch, dass die Provo-

kationen weniger intensiv werden, wenn ich diese über einen längeren Zeitraum ignoriere. Natürlich sind in diesen Zeiträumen dann aber die »negativen Anspannungen«, also die allgemeinen Schuldgefühle und die mentalen Blockaden, größer.

Nehmen wir nun einmal an, ich würde auf die Provokation meines »Kopfes« in diesem Beispiel eingehen und ihm recht geben, dass ich unvorsichtig gefahren bin. Um mein Gewissen dann zu beruhigen, muss ich Wege finden, um meinem »Kopf« zu versichern, dass ich niemals wieder unkonzentriert sein werde, wenn ich eine 30er Zone befahre. Dies kann ich zum Beispiel tun, indem ich verspreche, kein Radio mehr zu hören im Auto (um meine volle Aufmerksamkeit auf die Straße zu richten), ganz strikt auf die Geschwindigkeitsbegrenzung zu achten oder sehr viele Male nach links und rechts zu schauen, um kein Kind gefährden zu können (dies ist das »Zwangsritual« des »Teufelskreises des Zwangs«). Wenn dies dem »Kopf« ausreicht, dann lässt die »negative Anspannung« nach und »Beruhigung« setzt ein. Das Problem ist nur, dass der »Kopf« beim nächsten Mal noch kritischer ist und ihm dann meine Versprechungen unter Umständen nicht mehr ausreichen, bis der »Kopf« dann irgendwann von mir verlangt, meinen Führerschein abzugeben. Ich befinde mich somit in einer Zwangsspirale und bin eine Art »Marionette« meines Verstandes. Je mehr ich auf die Provokationen des »Kopfes« eingehe, desto stärker wird der Zwang. Der »Kopf« ist quasi das »Vehikel« meines Zwanges, also der Ort, wo dieser entsteht und durch den der Zwang zum Ausdruck gebracht wird. Der »Kopf« und der Zwang sind also nicht ein und dieselbe Entität, sondern zwei Entitäten, die sich gegenseitig bedingen.

Das war nur ein Alltagsbeispiel von unzähligen anderen. Und auch wenn dieses Beispiel noch relativ nachvollziehbar zu sein scheint, gibt es andere, die total abstrus sind. Eines dieser komplett abstrusen Beispiele, die mich im Nachhinein sogar zum Schmunzeln bringen, möchte ich an dieser Stelle mit Ihnen teilen.

Ich und mein imaginäres Baby

Vor einiger Zeit begann ich relativ viel über das »Gesetz der Anziehung« oder auch das »Gesetz der Resonanz« zu lesen. Dieses be-

sagt, dass wir durch unsere Gedanken, Gefühle und unser Handeln unsere eigene Realität erschaffen können. Dieses Konzept faszinierte mich sehr und je mehr ich mich damit beschäftigte, merkte ich, dass dieses Gesetz für mich stimmt. Jedoch gab es eine Zeit, in der sich mein »Kopf« auch an diesem Thema gütlich tat. Mein »Kopf« sagte mir dann: »Wenn doch jeder Gedanke, den du hast, Realität wird, dann darfst du ja fortlaufend nichts Schlechtes mehr denken, da du sonst ja auch anderen Menschen mit dieser Negativität schaden könntest.« Bezugnehmend auf die Definition vom »Gesetz der Resonanz« ist diese Sorge meines »Kopfes« jedoch nicht begründet, da nicht jeder Gedanke, jede Tat und jedes Gefühl direkt die Realität verändert (wenn sie mehr über dieses Thema lesen wollen, dann kann ich Ihnen die Bücher »Wünschen und bekommen: Wie Sie Ihre Sehnsüchte erfüllen« von Esther und Jerry Hicks und »Energie-Level – Eine spektrale Reise durch die Bewusstseinsebenen« von Frederick E. Dodson empfehlen).

Wie dem auch sei. Mein »Kopf« war festgefahren in dieser Idee und versuchte mir fortlaufend immer wieder Fallen zu stellen. Jetzt kommen wir zur eigentlichen Geschichte. Sie beginnt damit, dass die Monatsblutung meiner Freundin ein paar Tage zu spät einsetzte und wir uns daraufhin Gedanken machten, ob sie schwanger sei (obwohl dies relativ unwahrscheinlich zu sein schien). Ich dachte infolgedessen darüber nach, ob ich nun gerne Vater werden würde. Ich fühlte mich jedoch zu diesem Zeitpunkt in keinster Weise bereit für ein Baby. Mein »Kopf« stellte mir dann folgende Frage: »Wenn deine Freundin nun doch schwanger ist, würdest du dann wollen, dass das Baby nicht geboren wird?« Dies war wieder eine dieser Fangfragen, die der »Kopf« gerne stellt. Natürlich wollte ich nicht, dass das Baby stirbt, jedoch aber wäre ich auch erleichtert, nun kein Vater zu werden. Und zack, da war es. Dieses mir vom »Kopf« eingebildete Gefühl, zu wollen, dass mein ungeborenes Baby stirbt. Und da ja Gefühle die Realität beeinflussen, habe ich quasi gerade »eigengedanklich« mein Baby umgebracht, laut meines »Kopfes«. Stellen Sie sich das einmal vor. Ich wusste eigentlich, dass alles nur erdacht und somit eine Lüge ist. Da der »Kopf« jedoch auch Zugang zu meiner Gefühlswelt hatte, erzeugte er in mir starke Schuldgefühle und bildete mir damit ein, dass an dieser Geschichte wirklich etwas Wahres dran ist. Fortlaufend hatte ich also das Gefühl, ein Baby auf dem Gewissen zu haben, und dieses Gefühl war extrem real. Dieses Gefühl wich nicht von meiner Seite. Am nächsten Tag bat ich meine Freundin sogar darum, einen Schwangerschaftstest zu machen, der jedoch negativ ausfiel.

Damit hätte doch eigentlich meine Sorge verblassen müssen, oder? Es hätte doch beweisen müssen, dass meine Freundin gar nicht schwanger gewesen ist.

Dies war leider nicht der Fall und meine Sorge blieb bestehen. Der Grund dafür war, dass auch ein Schwangerschaftstest nicht hundertprozentige Sicherheit geben kann, ob jemand schwanger ist oder nicht. Als ich dann auch noch las, dass es vereinzelt Fälle gibt, in denen Babys im Mutterleib sterben, ohne dass dies ein Schwangerschaftstest oder die werdende Mutter bemerkt, ließ mein »Kopf« nicht locker. Das Schuldgefühl blieb insgesamt 14 Tage bei mir. Dann sah ich beziehungsweise mein »Kopf« irgendwann ein, dass ich, egal was ich tue, sowieso nichts mehr an diesem Thema ändern konnte und ich das Baby schon gar nicht wieder zum Leben erwecken kann. Ich »beerdigte« das Baby dann in meinem Verstand und schickte ihm ganz viel Liebe für seine weiteren Seelenwege. Danach konnte ich das Thema ruhen lassen.

Meine therapeutische Reise

Im Allgemeinen hatte die Intensität der Gedanken und Gefühle einen starken Einfluss auf mein Leben gewonnen, was mich dazu zwang, mich erneut in therapeutische Hände zu begeben. Ich begann somit eine Verhaltenstherapie bei Herrn Ciupka-Schön, in der ich lernte, meinen Zwang besser zu verstehen und ihm mit Expositionen entgegenzuwirken. In den Expositionen haben wir dann bewusst immer ein Themengebiet herausgesucht und ich habe etwas absichtlich falsch (sprich entgegen der Vorstellungen meines »Kopfes«) gemacht und bewusste Entscheidungen getroffen. Dies war das erste Mal, dass ich proaktiv und gezielt an meinen Zwängen gearbeitet habe. Bevor ich die Arbeit mit Herrn Ciupka-Schön begonnen habe, war es mir nicht bewusst, dass es sich bei mir um eine Zwangsstörung handelt. Meine Vermutung war, dass ich es mit einer Depression, einem Burnout oder einer anderen psychischen Störung zu tun hatte. Ich probierte viele Therapien aus, um den Ursachen auf den Grund zu gehen und die Probleme zu lösen. Neben den genannten Psychologen, die ich aufsuchte, habe ich es auch mit heilpraktischer Therapie, Hypnosetherapie und anderen alternativen Heilverfahren versucht. Leider hatten alle diese Ansätze bei mir keinen lang anhaltenden Erfolg. Ich bin relativ blauäugig in diese früheren Therapien gegangen und habe immer gehofft, nun endlich den »heiligen Gral« zu finden, der mir zur Genesung verhelfen würde.

Mit der Diagnose Zwang fühle ich mich zum ersten Mal gut aufgehoben, da es wirklich das umschließt, was ich in meinem täglichen Leben erlebe. Die Therapien, die ich vor der Verhaltenstherapie bei Herrn Ciupka-Schön absolvierte, waren für mich aber trotzdem wertvoll und somit keine verschwendete Zeit. Das Wichtigste war im Endeffekt für mich, erst einmal zu verstehen, was mein eigentliches Problem ist und ihm einen konkreten Namen geben zu können, in meinem Fall »Zwang«. Dadurch konnte ich beginnen, gezielt an meinen Problemen zu arbeiten.

Was mir während der Verhaltenstherapie auch geholfen hat, war, meinen Zwang zu »visualisieren«. Ich fertigte eine Mindmap an (wie Sie unten sehen können) und markierte mit Flaggen, wie schwerwiegend die einzelnen Themengebiete sind (rot = sehr schwerwiegend; orange = schwerwiegend; gelb = moderat). Dadurch konnte ich meinen Fortschritt dokumentieren und ganz spezifisch an bestimmten Themengebieten arbeiten.

Wie Sie sehen können, war es mir möglich, vier Oberthemen meiner Zwangsstörung auszumachen. Bei »Fremdschaden« ging es immer darum, keinem anderen Lebewesen (Tier oder Mensch) in irgendeiner Weise Schaden zufügen zu dürfen. Wie auch schon vorher beschrieben, wurden die Kriterien für einen »Schaden« wieder mal von meinem »Kopf« bestimmt. Somit wurden alltägliche Dinge wie Kleidung kaufen für mich zu einer Qual, da ich durch den Kauf konventioneller Kleidung ja schlechte Arbeitsbedingungen in asiatischen Fabriken unterstütze. Darüber hinaus durfte ich auch keinem Insekt etwas zuleide tun. Wenn ich also

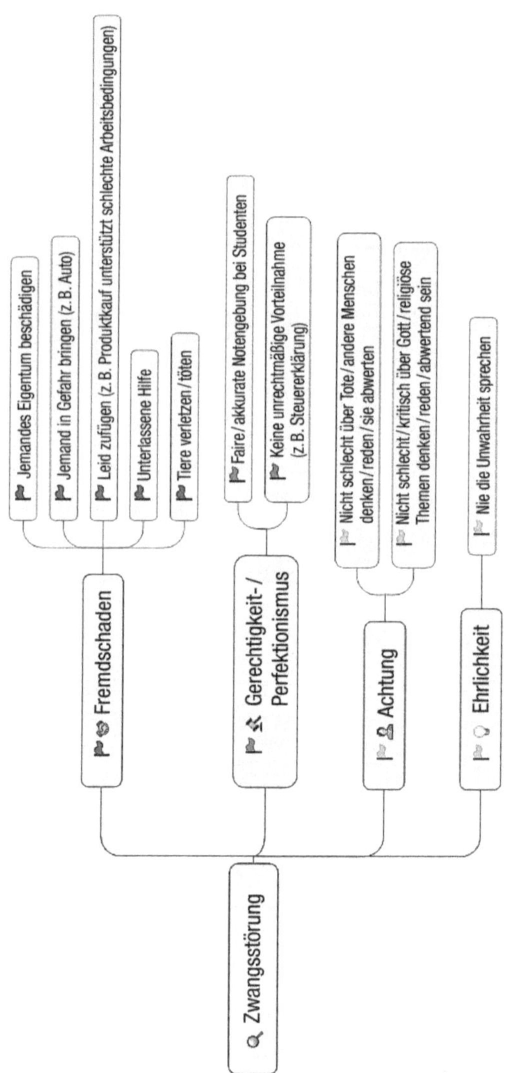

aus Versehen einer kleinen Fliege schadete, kam ich direkt wieder in den weiter oben beschriebenen »Verurteilungsmodus« meines »Kopfes«.

»Gerechtigkeit/Perfektionismus« bezog sich darauf, immer akkurat handeln zu müssen und nie »fünfe gerade sein zu lassen«. Ganz besonders problematisch war dies, wenn ich Examen von Studenten korrigieren musste, da ich mich selbst extrem unter

Druck setzte, keinen Fehler machen zu dürfen. Mein »Kopf« sagte mir dann immer, dass die Studenten ansonsten einen Nachteil haben und aufgrund schlechter Noten im schlimmsten Fall sogar die Universität verlassen müssen. Ich kontrollierte die Examen dann teilweise doppelt und dreifach, um alles korrekt zu benoten. Sie sehen, dieses Themengebiet ist sehr eng mit dem »Fremdschaden« verbunden und könnte auch »Verantwortungsbewusstsein« genannt werden.

Meine religiöse Zwangsstörung war hauptsächlich im Bereich der »Achtung« zu finden. Das achten von religiösen Themen war für mich von hoher Bedeutung und ich durfte mir auch hier keinen »Fehler« erlauben. Jede kleinste blasphemische Äußerung hätte mich laut meines »Kopfes« zu ewiger Verdammnis führen können. Die oben präsentierte Version der Mindmap wurde erstellt, nachdem Herr Ciupka-Schön und ich bereits die ersten Schritte unternommen hatten, um an meinen religiösen Zwängen zu arbeiten. Somit sind die Flaggen hier bereits gelb und nicht mehr rot.

Das vierte Gebiet meiner Zwangsstörung bezog sich auf »Ehrlichkeit«. Ich durfte nie die Unwahrheit sprechen, da lügen von meinem »Kopf« als Sünde und Täuschung anderer dargestellt wurde. Somit war es mir auch verboten, »Notlügen« oder andere kleine Ausreden zu gebrauchen, und ich wurde sofort von meinem »Kopf« bestraft, wenn ich doch einmal die Unwahrheit sagte. Dies passierte selbst dann, wenn ich beim Unterrichten eine eigene Interpretation/Vermutung bezüglich des Unterrichtsstoffes vermittelte. Da diese eigene Interpretation/Vermutung nicht faktisch unterbaut war und somit auch falsch hätte sein können (also eine Lüge), bestrafte mich mein »Kopf« unmittelbar mit einer mentalen Blockade.

Bei allen meinen Zwängen konnte ich auch eine »doppelte Buchführung« (wie weiter oben im Kapitel »Der Verlauf von Zwangsstörungen« beschrieben) beobachten. Mein »Kopf« bildet mir immer durch meine Gefühle ein, dass ich sündige. Jedoch wusste ich eigentlich bei rationaler Betrachtung, dass an meinem Verhalten nichts Verwerfliches zu finden ist. Das Kuriose ist auch, dass sich die Zwänge und Vorwürfe nur auf mich selber beziehen. Wenn ich bei anderen Menschen ein (laut »Kopf«) verwerfliches Verhalten feststelle, dann verurteile ich diese Menschen dafür nicht und weiß auch, dass sie keine Bestrafung verdienen. Ich empfand den Zwang immer als ein von mir getrenntes Phänomen, dass mir von außen auferlegt worden ist (siehe »Ich-Dystonie« im Kapitel »Der Verlauf von Zwangsstörungen«). Jedoch gab es auch Zeiten, in denen ich mich fragte, ob ich den Zwang benötige, um ein gutes und gerechtes Leben zu leben. Somit gab es Tendenzen dazu, dass meine »Ich-Dystonie« in eine »Ich-Syntonie« umschlägt. Jedoch kann ich resümieren, dass der Leitsatz »Der Zwang hält nicht, was er verspricht. Er verursacht meistens sogar das genaue Gegenteil!« bei mir zu 100 Prozent zutrifft. Auch wenn der Zwang vermeintlich versucht, mich auf den »rechten Weg« zu geleiten, waren die Resultate des Zwangs bislang immer Negativität, eine sogar schlechtere Entscheidungsfähigkeit sowie eine drastisch verminderte Lebensqualität. Aus all dem kann ich mit unerschütterlicher Gewissheit schließen, dass ich ohne Zwang genauso gut oder sogar noch besser auf dem »rechten Weg« gehen kann, jedoch dann ohne die negativen Begleiterscheinungen.

Abschließende Betrachtung

Durch die Arbeit mit Herrn Ciupka-Schön konnte ich lernen, mich von dem Marionettenstatus freier zu machen und mich mehr vom Zwang abzugrenzen. Ich habe mit der Zeit gelernt, auf mein innerstes Gefühl zu hören, das mir ein sehr guter Begleiter geworden ist. Dieses innerste Gefühl hat nichts mit den Gefühlen gemein, die mein »Kopf« mir einbildet, sondern ist sozusagen die »Stimme meines Herzens«. Diese »Stimme« war immer da, doch ich war früher nicht mutig genug, um auf sie zu hören, da die »Stimme des Zwangs« immer »lauter« war. Mit der Hilfe dieses innersten Gefühls konnte ich nun damit beginnen, meine Zwänge Schritt für Schritt anzugehen und mir damit meine Lebensqualität zurückzuholen.

Was mir letztendlich bei meinem religiösen Zwang sehr geholfen hat, war die Einsicht, dass Gott nur das Beste für mich möchte. Ich hatte, wie bereits vorher erwähnt, immer Angst, etwas »Blasphemisches« gegen Gott, die Kirche oder irgendeine biblische Person zu sagen oder zu denken, insbesondere gegen Jesus Christus. Während der Therapie bei Herrn Ciupka-Schön sind wir diesen religiösen Zwang angegangen und nun ist dieser nur noch bruchstückhaft vorhanden. Um dies zu erreichen, habe ich einfach mehrmals bewusst etwas »Blasphemisches« gesagt und gedacht ... und das auch noch, während Herr Ciupka-Schön und ich in einer Kirche saßen. Mein »Kopf« war natürlich erst der Überzeugung, dass dies unverzeihlich sei. Jedoch dämmerte mir nach einer Weile, dass Gott mich hierfür niemals bestrafen wird, da er an meinem Besten interessiert ist. Und da Heilung für mich in diesem Fall das Beste war, würde Gott es für gut heißen, dass ich diese Versuche unternehme, um zu meiner Genesung zu gelangen. Für diese Einsicht bin ich Herrn Ciupka-Schön sehr dankbar, denn diese hat dazu geführt, dass ich mich von meinen religiösen Zwängen befreien konnte.

ÜBERSICHT ÜBER MEINEN

RELIGIÖSEN ZWANG

Im Folgenden sehen Sie eine zeitliche Darstellung der Entwicklung meines **religiösen Zwanges.**

9 Jahre alt

Ich durfte das Wort **Teufel** nicht sagen aus Angst vor *Bestrafung*.

11 Jahre alt

Ich leistete Gott gegenüber einen **Eid.** Ich brach diesen und fühlte mich schrecklich und *gottlos*.

11 Jahre alt

"Gott *sieht* und *hört* alles. Gott ist in deinen **Gedanken.**" Allgemeines Unbehagen war die Folge.

12 Jahre alt

Sexualität und **Religion** durften nicht vermischt werden aus Angst vor *Bestrafung* (z.B. Jesuskreuz im Klassenraum). Ich hatte außerdem Probleme bei der Entdeckung meiner Sexualität, da religiöse Zeichen in meinem Zuhause (Jesuskreuz und Mariastatue) mir das Gefühl gaben, nichts Sexuelles in deren Gegenwart machen zu dürfen.

13 Jahre alt
Es gab ein Computerspiel, welches im Namen **Luzifer** enthielt. Als ich dieses testete, dachte ich sofort ich hätte *gesündigt*.

14 Jahre alt
Ich verspürte ein starkes Unbehagen gegenüber **Satanisten**. Ich musste ein paar meiner Schulkameraden (die sich schwarz kleideten) meiden aus Angst, *bestraft* zu werden. Mir mit diesen Mädchen ein sexuelles Verhältnis vorzustellen war *Sünde*.

14 Jahre alt
Sehr innige aber zwanghafte Beziehung zu Gott. Ich *musste* jeden Tag **beten** (auch öffentlich).

15 Jahre alt
Allgemeine Angst, durch mein Denken & Handeln etwas *falsch* zu machen und unendlicher Bestrafung ausgesetzt zu werden im Leben und nach dem Tode (**Fegefeuer**).

15 Jahre alt
Beim Auf-die-Toilette-Gehen durfte mein Gesäß nicht in Richtung des Kreuzes zeigen, welches (durch Räume hinweg) in meinem Zimmer hing. Ansonsten hatte ich das Gefühl Jesus zu *beschmutzen*.

23 Jahre alt
Blasphemie in jeder Art (Denken, Sprechen & Handeln) führt zu unmittelbarer irdischer *Bestrafung*.

Abschließend lässt sich sagen, dass das Thema »religiöser Zwang« mich quasi mein ganzes Leben begleitete, sich über die Zeit veränderte und mit mir gemeinsam wuchs. Als Kind und Jugendlicher bekam ich zwei verschiedene Bilder von Gott beigebracht. Das erste ist das helle Bild eines liebevollen Gottes, der auf einen auf-

passt und sozusagen eine Vaterfigur einnimmt. Das zweite ist das dunkle Bild eines strengen, rachsüchtigen und unnahbaren Gottes, der mich für mein Sündigen bestrafen wird. Vor allem dieses dunkle Bild irritierte mich und führte dazu, dass sich der religiöse Zwang bei mir so stark ausprägen konnte. Somit hätte ich mir gewünscht, dass in meiner religiösen Erziehung (vor allem in der Schule) viel mehr Fokus auf das helle Bild gelegt worden wäre. Außerdem hätte ich mir gewünscht, dass mehr Bewusstsein darüber herrscht, welchen Einfluss das Vermitteln dieser dunklen Eigenschaften Gottes auf die kindliche Psyche hat.

Als eine Art Zusammenfassung möchte ich Ihnen eine Zeitlinie meines religiösen Zwanges aufzeigen (siehe S. 161/162), in der ich auch Themen beleuchte, die ich in meinem bisherigen Erfahrungsbericht noch nicht schriftlich festgehalten habe.

11. Martin Luthers Weg aus Angst und Zwängen

von Hartmut Becks

Schon von Sören Kierkegaard stammt die Bemerkung, dass »Luther ein für die Christenheit äußerst wichtiger Patient«[33] sei. In der Tat ist es für das Erkennen, Verstehen und Bewältigen religiöser Zwänge nach wie vor sehr erhellend und hilfreich, sich mit der persönlichen Frömmigkeitsentwicklung Luthers ausgiebig zu befassen. Besonders die Hinterfragung des eigenen eingeprägten Gottesbildes und die daraus später entwickelte Gnadentheologie sind für unseren Zusammenhang sehr gewinnbringend und heilsam. Denn Luther steht exemplarisch, ja geradezu »archetypisch«[34], für einen Menschen, dessen aufrichtiger Glaube und ernsthaftes Ringen mit Gott zu tiefster Verzweiflung, Angst, Depression und schließlich zu auswegloser Verunsicherung und Zwang führte. Zum anderen aber eben auch als Beispiel eines »In-sich-selbst-Verkrümmten« (Originalton Luther!), dessen »heftiges Verlangen nach Heilung und Erlösung«[35] schließlich zu echter Befreiung und Bewältigung geführt hat. Nur wer diese theologische Ambivalenz seines Leidens kennt, kann auch die Genese der geistlichen Heilung verstehen und womöglich selber nachvollziehen.

Dies kann gelingen, »da die Fülle an Material zu Luther, die überliefert ist, so enorm ist, dass wir über sein Innenleben wahrscheinlich mehr wissen als über irgendeines anderen Menschen des 16. Jh.«[36]. Luther hat nämlich – besonders durch seine persönliche Leidensgeschichte – das Tor einer anderen, aufgeklärteren und angstfreieren Gottesvorstellung geöffnet, die auch für die therapeutische Bewältigung religiöser Zwänge unverzichtbar ist. Allerdings blieb dabei die Diskrepanz zwischen seiner theologischen Erkenntnis und der realen psychischen Verfassung. Luther blieb weiter ringend, »simulius tu set peccator« (zugleich gerechtfertigt und sündig), es gab immer wieder Rückschläge. Aber eben dies macht

die Beschäftigung mit seiner Biografie so brauchbar und glaubwürdig.
Bereits seit Anfang der 1930er Jahre wird die auffällige psychische Konstitution Luthers als Motiv seiner theologischen Grundentscheidungen näher untersucht. Vor allem der dänische Psychiater Paul J. Reiter kommt in seiner umfangreichen Studie von 1935 zu dem Ergebnis[37], dass zumindest in der Frühphase von Luthers Leben »ernsthafte psychopathologische Prozesse« feststellbar sind. Besonders bewertet er den zwanghaften Übereifer des strengen Klosterlebens als »Symptom eines stetigen, unbarmherzigen Prozesses, der dann bei dem Mittvierziger in einer offenen Psychose einen Höhepunkt erreicht«[38]. Reiter kann beim besten Willen die Ängste und Zwangsgedanken Luthers nicht als Glieder in der Kette einer sinnvollen psychologischen Entwicklung sehen.
Daran anschließend befasst sich 20 Jahre später wesentlich ausgereifter und differenzierter der amerikanische Psychoanalytiker und Harvard-Professor Erik H. Erikson mit dem Thema. Sein Werk »Der junge Mann Luther« von 1958[39] ist inzwischen so etwas wie das Standardwerk der psychologischen Lutherforschung. Erikson sieht vor allem die Wirkung eines überdominanten Vaters und einer repressiven Erziehung als elementare Ursache für eine gestörte »Über-Ich«-Funktion, aus der die Angst vor einem strafenden und die Suche nach einem gerechten Gott folgt. Erikson zeigt bereits auf: Für das Entstehen religiöser Zwänge »gehören Misstrauen, übergroße Gewissenhaftigkeit, moralischer Sadismus und ein Beschäftigtsein mit schmutzigen, vergifteten Gedanken und Dingen zusammen. Bei Luther findet sich dies alles. Eine der ersten Bemerkungen, die uns (noch aus der Studienzeit) von Martin überliefert sind, war der klassische Ausspruch eines von Zwangsvorstellungen Beherrschten: ›Je länger wir uns waschen, je unreiner wir werden.‹[40] Luther litt über viele Jahre an dieser akuten Angst und erwachte nicht selten in kaltem Schweiß gebadet (er nannte es des ›Teufels Bad‹)«. Er entwickelte eine Teufelsphobie, die in der für Zwangszustände typischen Ambivalenz allmählich die Furcht einschloss, das höchste Gut, das strahlende Bild Christi, sei nur Teufelstrug. Er begann, Christus zu fürchten und in ihm ungeachtet der geduldigen Belehrungen seiner Oberen voller Hass den zu sehen,

»der nur strafen will«.[41] Schließlich versuchte er im Gebet und selbst auferlegten Bußritualen, Gedankenkontrollen und Strafhandlungen die verwerflichen Gedanken zu neutralisieren. Aber der allmählich wachsende Zwang brachte auch ihm nicht, was er versprach. …

Auch die jüngsten Untersuchungen, die zum Reformationsjahr 2017 erschienen sind, gehen auf die psychische Problematik Luthers ausführlich und dezidiert ein: So gerade Joachim Köhler in »Luther! – Biographie eines Befreiten«: »Luthers Fegefeuer lag nicht irgendwo in der Tiefe der Erde […][42], sondern in ihm selbst. Es röstete ihn auch nicht wie ein Scheiterhaufen von außen, sondern von innen. Dieses verborgene Feuer, so meinte er, brannte weit furchtbarer als das äußerliche […]. Um diese besondere Qual zu erfahren, war nicht einmal die kleinste Sünde nötig. Die bloße Vorstellung genügte. Er habe immer tiefer grübeln und grübeln müssen, erinnerte er sich, da haben mich meine Anfechtungen hingebracht. Schon der Verdacht gegen ein Gesetz verstoßen zu haben, löste den gnadenlosen Mechanismus aus. Auf das Opfer wirkte dies wie ein plötzlicher Angriff mit gezogenem Degen [...] Wenn die Anfechtung kommt, so kann ich keine einzige tägliche geringste Sünde überwinden.«[43] »Die Perfidie des schlechten Gewissens bestand darin, dass es sich als Stimme des Gesetzes und Guten ausgab und doch nichts bewirkte als innere Verwüstung.«[44]

Auch die gerade vorgelegte, einfühlsame und tiefgründige Lutherbiografie von Lyndal Roper mit dem Titel »Der Mensch Martin Luther«[45] beschreibt Martin Luthers seelische Zerrissenheit schonungslos und skizziert mit feinsinniger Kenntnis die äußeren Wirkungen seines inneren Kampfes: »So gewinnt man, indem man die Erkenntnisse der Psychoanalyse heranzieht, ein umfassendes Verständnis nicht nur für den Menschen Luther, sondern auch für die revolutionären religiösen Grundsätze, denen er sein Leben widmete und für seine Hinterlassenschaften, die noch immer so wirkmächtig sind.«[46]

Mit Hilfe dieser Forschungsergebnisse und unter Berücksichtigung der neueren psychologischen Kenntnisse über die Symptomatik religiöser Zwänge wollen wir nun klären, wie es zur Ausbildung einer Angststörung und den damit verbundenen Zwangsgedanken bei

Luther kam. Dabei spielten sicher Luthers Elternhaus, seine Kindheit in Eisleben, seine Schul- und Universitätszeit, aber besonders seine Klosterjahre eine gewichtige Rolle. Erst auf diesem Hintergrund ist Luthers Befreiung, Erlösung, Heilung, sein »Durchbruch zum Paradies« zu verstehen.

Elternhaus und Kindheit Luthers: Wie ein angstvoller Mechanismus wachsen kann

Natürlich scheint es plausibel und naheliegend, die Ursache für Luthers psychische Verfassung zunächst in der Kindheit von Eisleben zu suchen. Er stammt aus einer ursprünglich bäuerlichen, dann aber doch sehr schnell aufstrebenden Bergmann-Familie. Der Vater ist ein überaus ehrgeiziger und auch körperlich rabiater und dominanter Mann, der mit seiner frühindustriellen Karriere als Bergwerks-Miteigner beschäftigt ist. Die Mutter ist eher schlicht, zurückhaltend, sich unterordnend. Luthers Kindheit war also hart, sparsam, hoch ambitioniert, andererseits noch immer vom ängstlichen Dämonen- und Aberglauben des Mittelalters zutiefst geprägt. Wie drakonisch die Erziehung war, hat Luther selbst so beschrieben: »Mein Vater stäupte mich einmal so sehr, dass ich ihn flohe und ward ihm so gram, bis er mich wieder zu sich gewöhnte«. – »Die Mutter stäupte mich einmal um einer geringen Nuss willen, dass das Blut hernach floss. Solch strenge Zucht trieb mich in die Möncherei; aber sie meinten es herzlich gut!«[47] Heiko A. Oberman notiert hierzu: »Eine Mutter straft ihren Jungen bis aufs Blut und belastet ihn mit ihren eigenen Ängsten. Das ergibt doch eine einleuchtende Krankengeschichte für einen verängstigten depressiven Sohn.«[48] Und doch sollte man es sich nicht so leicht machen. Denn in der Tat hatten viele andere Zeitgenossen Luthers mindestens ebenso eine schwere Kindheit, machten ähnliche oder noch schlimmere Erfahrungen, lebten in kirchlichen Höllenbildern und entwickelten dennoch keine vergleichbaren Angststörungen und Zwänge wie Luther. Das heißt, die genetische Anlage, die jeweilige psychische Konstitution ist für die Ausprägung der Symptomatik mindestens ebenso bedeutend. Ob es also zu einem psychopathologischen Prozess kommt, hängt sehr davon ab, ob es überhaupt eine anlagebedingte Disposition für zwanghaftes Verhalten gibt. Faktoren wie Erziehung, Moral, Religiosität und auch autoritäre Gottesbilder befördern natürlich Zwangsgedanken, bringen sie aber nicht unweigerlich selber hervor.

Zwangsgedanken und Zwangshandeln docken sich eher gerne und vorzugsweise an diese Strukturen an, um sich an ihnen abzuarbeiten. Insofern war Luthers Umfeld für seine Veranlagung nicht gerade heilsam. Joachim Köhler schreibt: »Vermutlich hat der Vater gar nicht bemerkt, wie bedrückend er auf seinen Sohn wirkte. Als der Reformator gegen Ende seines Lebens auf Körperstrafen zu sprechen kam, wies er auf die unsichtbaren Wunden in der Seele der Kinder hin. Die Strafe, sagte er, haftet viel fester als die Wohltat [...] ›so steckt ihnen das Leid doch so tief im Herzen, dass sie oft seufzen und hernach lange schlucken müssen.‹«[49]

Sicher ist aber, dass die unnahbare Autorität und die spürbare Erwartungshaltung des Vaters bei Luther eine große Verunsicherung hinterlassen haben. Schon 1846 schrieb darum der Lutherbiograf Karl Jürgens: »Weil Kinder vor einem jeden Wort des Vaters oder der Mutter erzittern, fürchten sie sich später ihr Leben lang selber vor einem rauschenden Blatt!«[50] Der Vater will, dass sein Sohn seine Karriere fortführt und Jurist wird. Darum schickt er ihn schon früh in die strenge »Trivialschule« von Mansfeld, wo Luther mit Drill und Härte die lateinische Grammatik eingedroschen wird. Unter Qualen! »Kam er ins Stocken, setzte es Schläge. Der Grausamkeit der Schulmeister und dem Jähzorn des Vaters ausgeliefert, fühlt Martin sich zwischen zwei Mühlsteinen. Er konnte sich drehen und wenden, wie er wollte, aus dieser Zwangslage gab es keinen Ausweg. Deutlich glaubte er die zerstörerische Kraft dessen zu spüren, der ihn so gerne getötet hätte. Aber so konstatierte Luther später: ›Er konnte es nicht‹!«[51] Vaterbild und Gottesbild stehen immer in einem sehr engen Zusammenhang. Luthers Vater konnte ihn dazu bringen, sich moralisch unterlegen zu fühlen, ohne selbst ganz in der Lage zu sein, seine eigene moralische Überlegenheit zu rechtfertigen. Im Freud´schen Sinne liegt hierin eine beiderseitige Zerstörungskraft. Beide können sich nicht vertraut werden, beide können aber auch nicht voneinander lassen. »Wie hätte er sich diesem

Vater unterwerfen können, ohne entmannt zu werden?«[52], meint Erikson. Das Vaterbild wird nun sein Gottesbild prägen und seine Ängste und Zwänge befeuern. Der unberechenbare allmächtige Gott, dessen Zorn zu stillen ist und dessen Maßgaben ständig neu zu erfüllen sind, um Schlimmeres zu verhindern. Ein Teufelskreis! Und nicht nur für Martin Luther der Ausgangspunkt einer sehr belastenden und schwierigen Gottesbeziehung. So ist bei vielen Menschen mit religiösen Zwängen schon in der Kindheit »ein starkes Gespür für die unüberbrückbare Distanz zwischen Gott und dem Menschen und für die Unberechenbarkeit von Gottes Vorsehung angelegt worden«[53]. Die Entwicklung des menschlichen Gewissens ist immer unter den Bedingungen dieser Wechselwirkung zu verstehen. Die Forderungen, die zunächst von außen kommen, werden intrinsisch und entwickeln so eine zerstörerische Kraft.
Der Psychoanalytiker Erik H. Erikson hat das wunderbar auf den Punkt gebracht: »Nur ein Junge mit einem frühzeitig entwickelten, empfindsamen und stark ausgeprägten Gewissen wird sich so sehr wie Martin darum kümmern, die Zufriedenheit seines Vaters zu erlangen. Nur ein solcher Junge wird sich einer übergenauen und unbarmherzigen Selbstkritik unterwerfen, anstatt äußeren Druck durch erfinderische Ausreden und Trotz auszugleichen. Martins Reaktion auf den Zwang seines Vaters sind die Anfänge von Luthers Beschäftigung mit Fragen des individuellen Gewissens, eine Erforschung, die weit über die damaligen Anforderungen der Religion hinausgingen.«[54] Nur eine kurze Zeit in Eisenach, wo er bei Verwandten der Mutter untergebracht ist, verschafft ihm menschliche Wärme und Erholung. Seine Versagensängste und der Gewissensdruck bleiben aber unterschwellig vorhanden und quälen ihn weiter. »Als er in Erfurt ein junger Magister war, so bemerkte er später, sei er durch die Anfechtung der Traurigkeit immer traurig umhergegangen. Da der Pest, die von 1503–1505 wütete, neben seinen Brüdern auch mehrere Kommilitonen zum Opfer fielen, wurde Martin von Depressionen heimgesucht.«[55] In den folgenden Jahren wird er seine innerliche Zerrissenheit, seinen Druck und die Angstattacken immer wieder als »temptatio«, also als Anfechtung, Selbstanklage, Angriff, beschreiben. Zu diesen düsteren Aussichten kam eine zunehmende Abneigung gegen das Jurastudium, obwohl

er durch seine brillante Intelligenz gute Erfolge erzielte und der Vater ihn nach blendend bestandenem Magister-Examen 1505 mit »Ihr« ansprach.

Eintritt ins Kloster als Selbsttherapie

Während der Vater Zukunftspläne für den in seinen Augen erfolgreichen Sohn zu schmieden beginnt und eine passende Braut für ihn sucht, grübelt Martin im Inneren immer ausgelieferter über seine Verfehlungen, seine Schuld, seine verwerflichen Gedanken und über das Jüngste Gericht. In der Universitätsbibliothek entdeckt er zum ersten Mal eine Bibel, in der er liest. Dies bringt ihm Trost und unerwartete Linderung. Ein regressives Schutzverhalten, das angesichts seiner seelischen Qual nachvollziehbar ist: Die Suche nach pragmatischen Wegen, Angststörungen zu bewältigen oder zu kanalisieren, sozusagen eine »Schonhaltung« einzunehmen, um unauffällig weiter existieren zu können, ist ein bekanntes Phänomen. Hier sind wir an einem wichtigen Punkt, der viele Menschen mit religiösen Zwängen betrifft: Oft wird mit der Zeit eine Art »Doppelleben« geführt: Auf der einen Seite das vorzeigbare Berufsleben und äußere Funktionieren, um damit den geheimen inneren Kampf um Leben und Tod, um Zwang und Angst auf der anderen Seite zu kaschieren. Wahrscheinlich stand vor diesem Hintergrund für Luther auch schon länger fest, ins Kloster zu gehen, um dort besonders achtsam und gottgefällig zu leben und die Anfechtungen abzumildern, so gut es ging. Das berühmte Gewitter von Stotternheim, das ihn angeblich in die Knie zwang und geloben ließ, Mönch zu werden, war zumindest ein Vorwand, der gelegen kam. Der Vater würde über den Abbruch seiner Karriere entsetzt sein und irgendwie musste dies doch erklärt werden. Luther wusste sehr wohl, dass Gott ihn nicht nur aus unmittelbarer Lebensgefahr gerettet hat. Auch einer anderen existenziellen Bedrohung war er nun entronnen: Der Aussicht, in die autoritäre Welt seiner Kindheit zurückkehren zu müssen.

Im Rückblick sah er in der Befreiung davon die eigentliche Gnade, die ihm damals zuteilgeworden war. Mochte der Blitz den Anlass geliefert haben, so war er doch nicht der wahre Grund seiner Weltflucht. Dieser, sagte er später, sei die harte Erziehung seiner Eltern gewesen und ihr ernstes und gestrenges Leben, das sie mit ihm führten. Der ständige Druck, der dadurch auf ihm lastete, habe ihm gar keine andere Wahl gelassen, als dass er ins Kloster lief und Mönch wurde.[56] Es ist kein Zufall, dass Luther für sich ausgerechnet das strenge Augustinerkloster wählte, das im Volksmund auch »schwarzes Kloster« genannt wurde. Hier wollte er durch strenge Observanz diese Linderung und Genugtuung finden, die ihm wenigstens zeitweise Frieden verschaffte. Mit extremer mentaler und körperlicher Kasteiung wollte er seine Ängste und Zwänge bewältigen. Der Versuch einer Selbsttherapie. Aber nun beginnt das eigentliche Martyrium.

Lyndal Roper schreibt: »Luther scheint geradezu in Schuldgefühlen geschwelgt zu haben, als könne er, wenn er es zum Äußersten trieb, eine höhere Stufe des frommen Selbsthasses erleben, der ihn Gott so nahe wie möglich bringen würde. Luther strapazierte seinen Körper bis an die äußerste Grenze, dabei verlor er viel Gewicht und durchlebte Phasen schwerer Depression [...] Alles kreiste um das Entsetzen darüber, direkt vor Gottvater zu stehen, also vor dem Richtergott, und zwar ohne Fürsprecher. Dagegen bestand der ganze Zweck des mönchischen Lebens, wie Luther es erlebte, darin, ein Sicherheitsnetz zu schaffen, in dem die Fürbitte Marias, Gebete in eigener Sache und Exerzitien, um das Fleisch zu bändigen, ihn vor Gottes transzendenter Gewalt schützten. Wenn also Luthers Eintritt in das Kloster ein Rückzug in eine matriarchalische Welt war, warf dieser Rückzug eigene spirituelle Probleme für ihn auf.«[57] »Auf jeden Fall können die Schwierigkeiten seiner persönlichen Suche nicht losgelöst von dem System gesehen werden, das ihm auf mehr als halbem Wege entgegen kam. Keine Schulungsmethode – und wenn sie eigens dazu ersonnen worden wäre, neurotische Spannungen bei jungen Leuten wie Martin zu verstärken – hätte wirksamer sein können als die klösterliche Zucht zu seiner Zeit«, schreibt Erikson.[58]

Ausbildung von Zwangsgedanken und Zwangshandlung

Viele Betroffene fragen sich, ab wann sich normales religiöses Verhalten und gute spirituelle Praxis und psychologisch unauffällige Observanz in belastende und bedrückende Zwangshandlungen verwandelt haben. Bei Luther ist dies relativ gut durch seine eigenen Beschreibungen zu rekonstruieren, die er aus seiner Klosterzeit hinterließ. Joachim Köhler fasst zusammen: »Mönch Martin quälte sich damit ab, jeden seiner täglichen Routinehandgriffe nicht nach dem äußerlichen Anschein, sondern seiner tieferen Motivation zu hinterfragen. Er durchforschte sein Inneres, ging jedem Gedanken bis in den letzten Hintergedanken nach, stellte alles und vor allem sich selbst auf den Prüfstand. Und kam zu deprimierenden Ergebnissen. Nicht, dass er wirklich etwas Böses getan hätte, machte ihn krank, sondern die Ungewissheit, ob die Exerzitien, denen er sich unterwarf, Gott auch wirklich gefielen. Denn was verbarg sich hinter seiner ostentativen Frömmigkeit? Arbeitete er nicht unbewusst der Gegenseite zu? ›Je länger wir uns waschen‹, klagte er, ›je unreiner werden wir. Und je mehr ich lief und begehrte zu Christus zu kommen, je weiter wich er von mir.‹ Als Martin einmal bei der Messe am Gründonnerstag die traditionelle Fußwaschung durchgeführt hatte, quälte er sich hinterher damit, dass sie in ihm nicht Demut, sondern ein Gefühl der Überlegenheit ausgelöst hatte. Hinter dieser aber, das wusste er, verbarg sich die Todsünde des Hochmutes. Auch konnte er dem Pensum, das er sich selbst abverlangte, nie genügen. Hatte er einmal wegen Arbeitsüberlastung seine regelmäßig abzuleistenden Stundengebete, die Horen, vernachlässigt, brach in der Nacht ein schreckliches Gewitter los. In Panik stand er auf, um die versäumten Gebete nachzuholen. ›Ich meinte nämlich, das Gewitter sei um meinetwillen ausgebrochen [...] Oft sparte ich acht Tage lang meine Stundengebete zusammen [...] Auf einen Sonnabend zahlte ich sie nacheinander ab, so dass ich den ganzen Tag lang weder aß noch trank.‹«[59]
Nach außen angepasst, war er im Inneren einem Leichnam ähnlicher als einem Menschen: »Selbst wenn er am andächtigsten war, so erinnert er sich, ging ich als Zweifler zum Altar und als Zweifler ging ich wieder davon. Hatte ich meine Buße gesprochen, so zwei-

felte ich trotzdem, hatte ich sie nicht gebetet, so verzweifelte ich ebenfalls!«[60] Der Zwang hält nicht, was er verspricht, und führt auch Luther in einen unstillbaren Teufelskreis. Luthers Eintritt in das Kloster war ein schwerwiegender Akt des Ungehorsams gegen die Pläne seines Vaters. Diese Rebellion kostete Luther viel Kraft und so geschah etwas, das folgenschwer für ihn werden sollte: Als er 1507 die erste Messe zelebrierte, bei der sein Vater zugegen war, überfiel ihn plötzlich bei der Wandlung eine derartige Panik, dass er fast davongelaufen wäre, hätte der Prior ihn nicht daran gehindert. »Es seien die Worte ›Tibi aeterno Deo et vero‹ (Dir, den ewigen und wahren Gott, Anm. des Autors) gewesen, die ihn in Panik versetzt hätten.«[61] Gravierend war die anschließende Bemerkung des Vaters: »Wohlan, wollte Gott, dass kein Teufel dahinter wäre.« Für Luther ein Schock und eine totale Verunsicherung. Später sagte er, die Worte hätten sich so in sein Gedächtnis festgesetzt, dass er nie mehr etwas gehört habe, das tiefer gewirkt hat.[62] Luther zweifelte, ob er als Vertreter des Teufels oder Gottes agiert hatte. Die Angst wurde gewaltig, unbändig, unbeherrschbar. »Luther verzweifelte. Saß ihm das schlechte Gewissen im Nacken und flüsterte ihm in gehässigem Ton seine angeblichen Schwächen und Verfehlungen ins Ohr, warf es ihn oft zu Boden, so dass er besinnungslos da lag, die Arme wie der Gekreuzigte ausbreitete. Spätestens in einer solchen Agonie der Angst verging jedem das Lachen.«[63] Ein Mensch, der von gedanklichen Selbstvorwürfen und religiösen Zwängen erfasst ist, ist von einer übermächtigen Wirklichkeit eingeschüchtert und zieht sich in sich selbst zurück. Er versucht, mit allen ihm zur Verfügung stehenden Mitteln wieder Kontrolle über seine Gedanken zu bekommen und sich so aus der Umklammerung des Frevels zu lösen. Aber gerade die Vermeidungsstrategie führt ihn meist noch tiefer und unumkehrbarer in neue Selbstanklagen und moralische Abgründe. Diese ängstliche Verunsicherung mündet in ein ständiges Bedürfnis sich rückzuversichern, keine Fehler gemacht zu haben. Luther war hier an diesem Punkt. »Da diese Erfahrung keine bloße Idee war, sondern schreckliche, vom Ich unbeeinflusste Wirklichkeit, lag es nahe, sie mit einer schrecklichen wirklichen und doch unbegreifbaren Person zu identifizieren. Eben dem Teufel. Dieser Teil des Ich, der die Rolle des

Richters und zugleich Henkers spielte, verwandelte auch noch das banalste Missgeschick, das einem widerfuhr, ebenso wie die geringfügigste Beleidigung, die einem zugefügt wurde, in eine nie enden wollende Strafe.«[64] Luthers Leben glich nun einer Anklagebank. Er versucht, sich zu rechtfertigen und ist dennoch selber unsicher, inwieweit das Böse, der Versucher, der Teufel schon Gewalt über ihn hat. Sein Leben wurde insofern ein »Kampf gegen den Teufel«[65], wie Heiko A. Oberman seine Biografie nennt. Das zeigt besonders Luthers beschriebener Anfall im Chor 1507: Hier soll er wie ein Besessener gerast und mit der Stimme eines Stieres gebrüllt haben: »Ich bins nit! Ich bins nit!« oder »Non sum! Non sum!« Die Dramatik dieser Szene, die die Chronisten als dämonisch beschrieben haben, zeigt, wie sehr Luther von diesem religiösen Zwang überwältigt wurde. Und dennoch sind die Hintergründe und Mechanismen nicht allein aus der Religion zu erklären. Erikson: »Bei Luthers Anfall drückten seine Worte augenscheinlich das überwältigende innere Bedürfnis aus, sich gegen eine Anschuldigung zu wehren. In einem rein religiösen Anfall würde positive Glaubensgewissheit die geäußerten Worte bestimmen – hier aber herrschen Verneinung und Rebellion: ›Ich bin nicht, was mein Vater von mir behauptet und was mein Gewissen mir in bösen Augenblicken einzureden versucht.‹«[66] Der Zwang, das eigene Ich radikal infrage zu stellen, die Angst, sich dem Bösen ergeben zu haben und die Verunsicherung über die Macht der eigenen Gedanken drohte Luther geistig und geistlich zu zerstören. Heiko A. Obermann resümiert: »Seine Erinnerungen erlauben den Schluss, dass er wie geschaffen dazu war, in jene angstvollen Selbstzweifel zu verfallen, die in den Handbüchern als Krankheit der Skrupulosität beschrieben werden. Eine so veranlagte Person hätte nicht Mönch und schon gar nicht observanter Bettelmönch werden sollen, möchte man heute meinen. Damals allerdings wurde genau umgekehrt gedacht: Ein solch ungefestigter Mensch sollte den sicheren Weg ins Kloster wählen. Luther hat hier tatsächlich die Heilungs- und Heilmethoden seiner Zeit ausprobieren können – bis zur Verzweiflung [...] Der Teufel selbst tritt auf den Plan und begnügt sich nicht mit einfachen ›Beköhrungen‹ (Verführungen! sic!). Der Teufel treibt vielmehr zum Erwählungszweifel und verführt den Zweifelnden, in den verborgenen Willen Gottes eindringen zu wollen, um zu erfahren, ob er wirklich nicht zu denen gehört, die Gott für immer verworfen hat. Diese Enträtselung muss misslingen und führt aus Enttäuschung zu Angst, zu Gotteslästerung und Gotteshaß und schließlich zum Zweifel an der Existenz Gottes überhaupt.«[67] Typisch für den Vorstellungskreis der religiösen Zwänge ist immer die sehr real empfundene Gefahr des Endgerichts, des drohenden Fegefeuers, der Hölle oder ewiger Verdammnis. Wie auch immer diese archetypischen Bilder im Einzelnen beschrieben und ausgekleidet werden, haben sie doch jeweils den Sinn, der Angst einen wahrnehmbaren und begreifbaren Ort zu geben. Also die Angst aus der Diffusität und dem Nebulösen herauszuholen, sie plastisch und real anschaulich zu machen, um sie besser in Schach halten zu können.

In der Therapie werden vor allem Experten wie Pfarrer, Priester, Religionslehrer oder auch Psychologen immer wieder mit der Frage konfrontiert, ob »es die Hölle wirklich gibt oder ob sie leer ist«. Die Angst vor der ungewissen Strafe für die eigenen vermeintlichen Verfehlungen ist so groß, dass man sich darum lieber genau darauf vorbereiten möchte. Darum ist es auch für Luther das entscheidende Problem herauszufinden, ob seine Sünden dazu geführt haben, den Willen des Vaters so zu verachten, dass nun ewige Pein zu erwarten ist. Daher sind auch kleinste Indizien wichtig und werden bewertet. Er beichtet seinem Beichtvater alte Lappalien, sodass dieser schließlich sagt, Martin solle lieber einen Mord oder Ehebruch beichten, an dem Gott wirklich interessiert sei. »Aber nichts konnte Martin tiefer zur Verzweiflung bringen als die Weigerung seiner Oberen, ihn ernst zu nehmen […] Das alles ist in klassischer Weise zwanghaft. Diese Art von Konzentration auf dem Weg zu dem, was er erstrebt, solch ununterbrochenes Nachdenken über diesen Weg entfernt den Suchenden weiter denn je von diesem Ziel, das ja ein Gefühl ist.«[68] Luther suchte wahre Reue, eine Heilung seiner Situation. Aber im Kloster zu Erfurt fand er sie so nicht. Seine Rettung kam paradoxerweise aus einer ganz anderen Richtung, die er selber wahrscheinlich gar nicht für möglich gehalten hätte.

Der Umschwung – die Rettung kommt nicht von innen, sondern von außen!

Viele Menschen mit religiösen Zwängen erkennen nicht, dass das Hauptproblem in dem Mechanismus selber begründet ist, in dem System, das selbstverständlich und nicht hinterfragt verinnerlicht ist. Solange die Mechanismen, die die Zwänge ständig neu »füttern«, erhalten bleiben, werden Zwänge immer neue »Nahrung« finden. Für Luther begann die Rettung seines inneren Leidens eigentlich von außen, seine geistliche Heilung hat eine ziemlich profane, weltliche Ursache. Der Anfang seiner psychischen Metamorphose hat den Grund in einem sachlichen Ereignis, in einer klaren Anordnung seiner Obrigkeit, die er selbst so wahrscheinlich nicht freiwillig vollzogen hätte: 1511 erhält er plötzlich den Auftrag des Priors von Staupitz, im Zuge des Observantenstreites nach Rom zu reisen. Für den verängstigten Luther war das gewiss eine große Herausforderung. Aber er konnte sich kaum zur Wehr setzen und wurde so gezwungen, die eingefahrenen Pfade zu verlassen. Was er in Rom an Unheilsamem erlebt hat, ist für ihn in eigenartiger Weise letztlich heilsam geworden. Zunächst ist er aber noch gefangen und überwältigt von den Eindrücken. Als er nach langer Reise in Rom eintrifft, wirft er sich zu Boden und begrüßt überschwänglich die von Märtyrerblut geheiligte Stadt. »Nur seine Zwangssymptome kommen zum Vorschein. Vergeblich lief er als ›toller Heiliger durch alle Kirchen‹. Schließlich erklomm er, auf jeder Stufe ein Paternoster betend, kniend die achtundzwanzig Stufen der Laterankirche in der Hoffnung, mit jedem Vaterunser eine Seele aus dem Fegefeuer zu erlösen. Oben angelangt, konnte er nur denken: Wer weiß, ob es wohl wahr ist? Aber auf dem Weg hinauf hatte er die klassisch zwanghafte Wunschvorstellung gehabt, dass seine Eltern tot sein möchten, damit er sie durch diese einmalige Gelegenheit sicher retten könne.«[69] Später wird er berichten, dass mindestens hier sein Zweifel am Bußmechanismus und am Ablasswesen, wahrscheinlich sogar an der grundsätzlichen Struktur seiner Gottesvorstellung begonnen hat. Denn in Rom irritierte ihn alles, was für sein System bislang unumstößlich feststand: Mönche in Bordellen, Geschäftemacherei mit gefälschten Reliquien, Schwelgerei der Geistlichkeit.

»Der Gipfel der Gottlosigkeit« und »des Teufels Thron« sei Rom für ihn gewesen.[70] Vor allem aber verwirrte ihn die Leichtfüßigkeit und völlige Unbeschwertheit, mit der hier die Priester mit den von ihm selber so angstbesetzten Ritualen umgingen: »Ein Kleriker habe ihn zur Seite geschoben und aufgefordert, sich zu beeilen: ›Passa, passa, fort, fort, schicke unseren Frauen ihren Sohn bald wieder heim‹ – was so viel bedeutete wie: Schaffe Abhilfe, damit die nächste Messe stattfinden kann. Für Luther, der sich endlos darum sorgte, ob er die Worte mit rechtem Gefühl gesprochen hatte, war diese Sorglosigkeit zutiefst erschütternd. Sie hatten sogar beim Abendessen darüber gelacht und sich damit gebrüstet, dass sie beim Zeigen von Hostie und Kelch die Worte ›panis es et panis manebis‹ (du bist Brot und bleibst es)[71] sprechen.«
Für Luther brach hier innerlich wahrscheinlich eine Welt zusammen. Aber dieser Zusammenbruch eben war der Anfang seiner Erneuerung. Er war konfrontiert worden mit Menschen, die ganz eindeutig gegen die heiligsten Vorgaben verstießen und: Nichts passierte. Kein Strafgericht, nichts! Gott stand scheinbar über all diesen Dingen. Der Zwang nährt sich immer aus einer diffusen übermächtigen Angst vor Strafe. Alle Zwangshandlungen, auch religiöse Zwangshandlungen, dienen immer nur der Vermeidung von Strafe und der Selbstversicherung, nichts befürchten zu müssen. Also eine Art Selbsterlösung. Wird aber klar, dass der Mechanismus von Delikt und Strafe, von Tun-Ergehen in der Realität nicht greift, muss es zu einem anderen Gottesbild, zu einer neuen theologischen Grundhaltung und damit unweigerlich auch zu einer veränderten, ja reiferen Spiritualität kommen. Der Bruch des »Tun-Ergehen-Zusammenhangs« ist schon in der Weisheit des Alten Testamentes angezeigt. Hiob, der alles vor Gott gerecht tut, wird dennoch schwer gestraft und kommt ins Unheil. Das weist auf die spätere paulinische Rechtfertigungslehre hin, die im Kern besagt, dass der Mensch eben nicht durch seine »Werke«, seine Handlungen und Taten gerecht vor Gott wird, sondern allein durch Gnade. Seine Berechtigung, seine Erlösung ist schon längst erfolgt. Jedoch nicht durch ihn, durch seine eigenen Leistungen, sondern theologisch gesprochen durch die schon längst vollzogene Sühne Gottes selbst in Jesus Christus.

»Turmerlebnis« oder Raus aus der Kloake!

So ist es nicht verwunderlich und gut nachvollziehbar, dass Luther aufgrund dieser Konfrontationserfahrung in Rom – zunächst in der Stille – dann aber immer wahrnehmbarer eine psychische, geistliche und schließlich theologische Metamorphose durchläuft, die im Ergebnis nicht nur ihn, sondern auch die Kirche und die christliche Theologie verändern sollte. Heiko A. Obermann: »Luthers eigene theologische und psychische Wende wurde in dem Moment zukunftsweisender Durchbruch für Kirche und Gesellschaft, als er öffentlich forderte, dem Teufel sowohl im Bereich des Glaubens als auch im Bereich der Welt Widerstand zu leisten, ihn als Lügner zu entlarven und als Totschläger zu brandmarken. Es begann im Mittelalter, als Luther sich von der Welt abwendete, um für sich den gnädigen Gott zu suchen [...] Wurden gute Werke einst um Gottes Willen vollbracht, um seiner hohen Gerechtigkeit Genüge zu tun, so werden sie jetzt um der Menschen willen der Erde zugewendet, im Dienste des Lebens und Überlebens bis zum jüngsten Tag.«[72] Luther hat später immer wieder beschrieben, dass ihm dieser entscheidende Gedanke, dass der Gerechte allein durch das Vertrauen lebt, allein durch den Glauben, wie ein Blitz im Jahre 1512 getroffen habe, und zwar: auf der Toilette, im Turm hinter seinem Arbeitszimmer in Wittenberg gelegen! »Diese Kunst hat mir der Heilige Geist auf der Kloake eingegeben«, schreibt Luther. Viele spätere Kirchenvertreter konnten nur schwer damit umgehen, dass der entscheidende Umbruch der Theologie ausgerechnet auf dem Klo stattgefunden haben soll. Aber es ist doch deutlich, dass Luther sehr bewusst seine Zuhörer durch den Gegensatz der Bedeutung dieser Offenbarung und der niedrigen Umgebung, in der sie stattgefunden hatte, erschüttern wollte: »Die Kloake ist nicht nur Abort, sondern der Ort tiefster menschlicher Erniedrigung und zugleich das Sammelbecken des Teufelsdrecks.« Das wussten die mittelalterlichen Mönche auch; der Reformator weiß es jetzt aber besser: »Gerade da haben wir den mächtigen Helfer Christus auf unserer Seite, für den Heiligen Geist gibt es keinen unheiligen Ort; gerade da gilt es, durch das Vertrauen in den Gekreuzigten die Verachtung des Widersachers zum Ausdruck zu bringen«.[73]

Luther geht nun gegen die Mechanismen an, die seine Angststörung begünstigt haben. Es geht dabei um seine eigene psychische Existenz. Darum war seine Kraft so groß und unbändig. Für Luther war es ein Befreiungserlebnis, als er erkannte, dass er nicht durch seine Handlungen, seine Verfehlungen oder Guttaten Gottes Gnade herbeiführen kann. Es war eine Erlösung von dem Zwang, alles eigene Tun ängstlich kontrollieren zu müssen. Luther beschreibt das so: »Ich aber konnte den gerechten, den Sünden strafenden Gott nicht lieben, hasste ihn vielmehr [...] Ich war voll Unmut gegen Gott, wenn nicht in heimlicher Lästerung, so doch mit mächtigem Murren und sprach: Soll es dann nicht genug sein, dass die elenden, durch die Erbsünde ewiglich verdammten Sünder mit allerlei Unheil bedrückt sind durch das Gesetz der Zehn Gebote? Muss denn Gott noch durch das Evangelium Leid an Leid fügen und uns auch durch das Evangelium mit seiner Gerechtigkeit und seinem Grimm bedrohen? [...] Unablässig sann ich Tag und Nacht, bis ich auf den Zusammenhang der Worte achtete, nämlich: ›Die Gerechtigkeit Gottes wird im Evangelium offenbar, wie geschrieben steht: Der Gerechte wird aus Glauben leben!‹ Da fing ich an, die Gerechtigkeit Gottes als eine solche Gerechtigkeit zu begreifen, durch die der Gerechte als durch Gottes Geschenk lebt, das heißt also aus Glauben, und merkte, dass dies so zu verstehen sei: durch das Evangelium wird die Gerechtigkeit Gottes offenbar, nämlich die sogenannte ›passive‹, das heißt die Gerechtigkeit, die wir empfinden, durch die uns Gott durch Gnade und Barmherzigkeit gerecht macht durch den Glauben [...] Nun fühlte ich mich ganz und gar neu geboren. Die Tore hatten sich mir aufgetan, ich war in das Paradies selber eingetreten.«[74]

Hier beginnt Luther das Denkgebäude einstürzen zu lassen, das seinen Zwängen bisher ein festes Zuhause geboten hatte. Aber zugleich begann er damit auch an jener gewissenhaften Bürgermoral zu rütteln, um deren Erfüllung auch er als Kind schon hatte so sehr leiden müssen. »Dieser offenkundige Einbruch in das Gewissen, das Heiligtum eines jeden anständigen Christen und Bürgers, vergreift sich an dem Besten, was einen Menschen zum Menschen macht – dass er weiß um Gut und Böse.«[75]

Erik H. Erikson hält abschließend in seiner Untersuchung fest,

»... dass Luthers Neubestimmung der menschlichen Situation – wesentlicher Bestandteil seiner Theologie – überraschende Strukturparallelen zu dynamischen inneren Veränderungen weist, wie sie Kliniker bei der Genesung von Patienten aus seelischer Not beobachten«.[76]

Denn alles, was nun in Luthers weiterem Werdegang folgen sollte, erscheint auch wie ein psychischer Befreiungsprozess, ein Resultat dieser Metamorphose und als unausweichliche Konsequenz seines nun total veränderten Gottesbildes. Der spektakuläre und historisch bedeutsame Thesenanschlag von 1517 ist hier nur ein Anfang, der bei Luther schnell hätte eingedämmt werden können, wäre da nicht diese starke innere Energie vorhanden gewesen. Auch seine Haltung vor dem Reichstag in Worms, der man berechtigt übermenschliche Qualitäten attestiert hat, ist nur dadurch zu erklären, dass es ihm auch um sein eigenes Seelenheil, um sein Leben oder den befürchteten Rückfall in die Angst ging. Sein Kampf gegen die äußeren Strukturen seiner Kirche entsprach so im Grunde dem Kampf gegen die Mechanismen des Zwangs. Das machte ihn so stark. Wahrscheinlich verordnete Luther sich immer wieder selbst »Konfrontationstherapien«, um herauszufinden und zu verifizieren, dass Gottes Gnade über unseren engen Vorstellungen von Moral und Gesetz steht. Auch die Eheschließung mit Katharina von Bora – im alten Denkgebäude eine frevelhafte Sünde für einen Priester – gehörte zu jenen Handlungen, die ihn paradoxerweise eher psychisch stabilisieren konnten.

Dennoch – es ist am Anfang schon angedeutet worden – bedeutete diese Genesung Luthers nicht, dass seine psychische Grundausrichtung nun ganz und gar verändert gewesen wäre und sozusagen eine totale Abkehr von seiner seelischen Grundkonstitution stattgefunden hätte. Nein. Das gilt wahrscheinlich für alle Betroffenen, die mit religiösen Zwängen je konfrontiert worden sind: Die eigene psychische Geformtheit, die charakterliche Disposition, das Gewordensein und die damit verbundenen Konstitutionen bleiben. Aber sie beherrschen nicht mehr und führen nicht mehr zur generellen Lebenshemmung. Es ist ein elementarer Unterschied, ob ich zwanghaft Handlungen vollziehen muss, um es einem richtenden Gott recht zu machen, oder ob Gott mich auch mit meinen

Zwängen, Ängsten, Skrupeln und Verunsicherungen kennt, annimmt und sogar liebt. **Gott ist nicht in den Zwängen, sondern ist über den Zwängen!** Er ist nicht Teil des Systems, sondern steht eher darüber und relativiert damit eher die Mechanismen, die zu Druck und Unfreiheit führen. Für Luthers Leben und schließlich für alle Betroffenen bleibt diese Ambivalenz immer ein Thema. Es ist eben ein Missverständnis zu meinen, »es sei nun alles vergangen und überstanden, was Luther an Leib und Seele erfahren und als Krankheit zum Tode beschrieben hat. Das Gewissen des Menschen, der alte Adam, ist auf Leistung vor Gott und Welt geeicht, es ist eingeübt, sich selbst und andere nach Leistungen zu richten. Das Gewissen des von Gott Gerechtfertigten aber baut auf die Leistung Christi und ist befreit von der verfluchten Selbstanalyse – verflucht, weil der Teufel das Gewissen missbraucht, sich als Über-Ich etabliert und den Menschen mit Schuldgefühlen erstickt.«[77]

Das heißt für unseren Zusammenhang: Der Leistungsgedanke ist dem Menschen zutiefst eingepflanzt. Auch Angst vor Versagen oder die tief verankerte Furcht, sich durch eigenes Handeln entscheidend die Zukunft zu verbauen, sind zutiefst menschlich. Luther wusste um diese Ambivalenz und Unperfektheit, geht aber in seiner späteren Lebensphase wesentlich gelassener und entspannter damit um. Er bringt es so auf den Punkt, dass wir es als Menschen gar nicht versuchen müssen, uns gegen die eigene Natur zu stemmen. Damit schafft er eine große Entlastung: »Der Kernsatz Luthers, dass der Christ ›Sünder und Gerechter‹ zugleich ist, formuliert am schärfsten die moralische Revolution, die hier vollzogen wurde. Luther hat eine unmoralische Revolution vollzogen! Das wurde manifest, als Luther von der Wartburg aus seinem Stellvertreter Philipp Melanchthon die aufreizenden Worte ins christliche Gewissen schrieb: ›Sündige tapfer, aber glaube noch viel mehr und freue dich in Christus – pecca fortiter; sed fortius fide et gaude in Christo.‹ Sündige tapfer! Das ist die Herausforderung, das alte Gewissen zu bekämpfen und als ersticktes Joch abzuwerfen.«[78]

Luthers weiterer Lebensweg bis zu seinem Tod war damit eigentlich beschrieben: So gab es auch weiter schwierige Zeiten, auch der Rückfall in alte Muster, weiter wirft er mit Tintenfässern nach dem Teufel. So seine schlimme Depression von 1527. Auch konnte seine spätere Ehefrau ein Lied von manchem Schwermut Luthers und seinen dunklen Stunden singen. Zudem muss auch kritisch gefragt werden, ob er seinen »alten« Zwang nicht hin und wieder mit hineingenommen hat in seine neue Lehre, in die neue Kirche. Konnte der Glaube nicht auch selber wieder zu einer Verordnung werden, zu einem Werk? All diese Fragen aber konnte Luther sich nun selber kritisch stellen und hat sie sich auch gestellt. Aber Luther hatte nun seinen Namen geändert. Er nannte sich jetzt »eleuteros« – »der Befreite« und davon leitete er das Wort »Luther« selber ab.[79] Die Befreiung aus seinen nie enden wollenden religiösen Zwängen war der Grund, auf dem er jetzt stand.

Er hatte seine Gottesvorstellung so revidiert, dass sie jedenfalls nicht mehr als Nährboden und »Schlachtfeld« seiner Zwänge dienen konnte.

Zitatnachweis

S. 104 f.: Aus: Internationale Klassifikation psychischer Störungen. ICD-10 Kapitel V (F) Klinisch-diagnostische Leitlinie, herausgegeben von H. Dilling, W. Mombour, M. H. Schmidt. © Hogrefe AG, Bern (ursprünglich erschienen im Huber Verlag, Bern 2008).

Anmerkungen

1 Bubenzer und Liebler, 2001
2 Bem, 1972
3 Haley, 2017
4 Fischedick, 2003
5 Büschel, 2003
6 Foa und Kozak, 1992
7 Y-BOCS, aus: Goodman et al., 1989
8 Zhong und Liljenquist, 2006
9 Goodman et al., 1989
10 Delorme et al., 2005
11 Ciupka-Schön, 2017
12 Skoog und Skoog, 1999
13 Ciupka-Schön und Futschek, 2016
14 Skoog und Skoog, 1999
15 Ciupka, 2001a
16 Rasmussen und Eisen, 1992
17 Skinner, 1948
18 Mowrer, 1960
19 Sieg, 2001
20 Seligman, 1970, Seligman und Johnston, 1975
21 Lehmkuhl, 2002
22 Kordon et al., 2013, S3 – Leitlinie Zwangsstörungen
23 Lakatos, A., 1994
24 Schwartz und Beyette, 1999
25 Lakatos und Reinecker, 1999
26 Festinger und Carlsmith, 1959
27 Kordon et al., 2013, S3 – Leitlinie Zwangsstörungen
28 Bubenzer und Liebler, 2001
29 Ciupka-Schön, 2017
30 Nach Paul Salkovsky aus Lakatos und Reinecker, 1999
31 Kuhl, 2001
32 Hautzinger, 1994, und Hartrampf, 2014
33 Kierkegaard, 1926
34 Erikson, 2016
35 Erikson, ebd.

36 Roper, 2016
37 Reiter, 1937
38 Reiter, ebd., S.24
39 Erikson, 2016, S. 15ff.
40 Erikson, ebd., S. 89f.
41 Erikson, ebd.
42 Köhler, 2017
43 Köhler, ebd., S. 61f.
44 Köhler, ebd., S. 62f.
45 Roper, 2016, S. 20
46 Roper, ebd.
47 Erikson, 2016, S. 93, zit. »Luthers Tischreden II« No. 1559
48 Oberman, 1981, S. 105
49 Köhler, 2017, S. 24
50 Jürgens, 1846, S. 157
51 Köhler, 2017, S. 27
52 Erikson, 2016, S. 97
53 Roper, 2016, S. 52, S. 81ff.
54 Erikson, 2016, S. 107
55 Köhler, 2017, S. 41
56 Köhler, ebd., S. 50
57 Roper, 2016, S. 81ff.
58 Erikson, 2016, S. 229
59 Köhler, 2017, S. 57
60 Köhler, ebd., S. 59
61 Roper, 2016, S. 70
62 Roper, ebd.
63 Köhler, 2017, S. 77
64 Köhler, ebd.
65 Oberman, 1981, S. 222f.
66 Erikson, 2016, S. 54
67 Oberman, 1981, S. 222
68 Erikson, 2016, S. 238
69 Roper, 2016, S. 223
70 Roper, ebd., S. 87
71 Roper, ebd., S. 223
72 Oberman, 1981, S. 223
73 Oberman, ebd., S. 74
74 Oberman, ebd., S. 205
75 Oberman, ebd., S. 192
76 Erikson, 2016, S. 316
77 Oberman, 1981, S. 388
78 Oberman, ebd., S. 389
79 Rudolph, 2016

Literaturverzeichnis

Beck, Aaron T. (1975): Cognitive Therapy and the Emotional Disorders. Int. Universities Press.

Bem, Daryl J. (1972): Self-Perception Theory. In: L. Berkowitz (Hrsg.): Advances in Experimental Social Psychology, Volume 6, Academic Press, New York, S. 1–62.

Bubenzer, Katrin; Liebler, Anette (2001): Zwangskranke im Spiegel der Wissenschaft. In: Z-aktuell – Die Zeitschrift der Deutschen Gesellschaft Zwangserkrankungen e. V. (DGZ), Ausgabe 3, S. 5–7.

Büschel, C. (2003): Ritualisierte Zwänge, Zwanghafte Rituale? In: Z-aktuell – Die Zeitschrift der Deutschen Gesellschaft Zwangserkrankungen e. V. (DGZ), Ausgabe 4, S. 5–7.

Chabane, N.; Delorme, R.; Millet, B.; Mouren, M. C.; Leboyer, M. und Pauls, D. (2005): Early-onset obsessive-compulsive disorder: a subgroup with a specific clinical and familial pattern? Journal of Child Psychology and Psychiatry, 46 (8), S. 881–887.

Ciupka, B. (2001a): Zwänge – Hilfe für ein oft verheimlichtes Leiden. Walter Verlag, Düsseldorf/Zürich.

Ciupka-Schön, B. (2001b): Expertenleitlinien zur Behandlung von Zwangserkrankungen. In: Z-aktuell – Die Zeitschrift der Deutschen Gesellschaft Zwangserkrankungen e. V. (DGZ), Ausgabe 4, S. 11–13.

Ciupka-Schön, B. (2003): Gesunde Rituale – Kranke Rituale. In: Z-aktuell – Die Zeitschrift der Deutschen Gesellschaft Zwangserkrankungen e. V. (DGZ), Ausgabe 4, S. 14–15.

Ciupka-Schön, B.; Futschek, J. (2016): Vortragsmanuskript zur Veranstaltung »Zwangserkrankungen« in der Graduierten-Weiterbildung zum Psychologischen Psychotherapeuten der Heinrich-Heine-Universität Düsseldorf.

Ciupka-Schön, B. (2017): Zwänge bewältigen! Ein Mutmachbuch. Patmos Verlag, Ostfildern.

Delorme, R.; Golmard, J. L.; Chabane, N. et al. (2005): Admixture analysis of age at onset in obsessive-compulsive disorder. Psychol Med 2005, 35, S. 237–243.

Ellis, Albert (1957): Outcome of employing three techniques of psychotherapy. In: Journal of Clinical Psychology. Band 13, S. 344–350.

Ellis, Albert (1962): Reason and emotion in psychotherapy. Lyle Stuart, New York.

Ellis, Albert (1975): Growth through reason: Verbatim cases in rational-emotive therapy. Science & Behavior Books, Palo Alto.

Erikson, Erik H. (2016): Der junge Mann Luther. (1. Aufl. Frankfurt 1958) Suhrkamp, Berlin.

F., G. (2010): Mein langer, sinnloser Kampf gegen religiöse Zwangsgedanken. In: Z-aktuell – Die Zeitschrift der Deutschen Gesellschaft Zwangserkrankungen e. V. (DGZ), Ausgabe 2, S. 10–13.

F., G. (2017): Angst als Ursache meiner Religiösen Zwänge. In: Z-aktuell – Die Zeitschrift der Deutschen Gesellschaft Zwangserkrankungen e. V. (DGZ), Ausgabe 2, S. 10–13.

Festinger, L.; Carlssmith, C. (1959): Cognitive Consequences of Forced Compliance. Journal of Abnormal and Social Psychology, S. 203–210.

Fischedick, H. (2003): Rituale als Entwicklungshelfer. In: Z-aktuell – Die Zeitschrift der Deutschen Gesellschaft Zwangserkrankungen e. V. (DGZ). Ausg. 4, S. 5–7.

Foa, E. B.; Kozak, M. J. (1992): Ideation in OCD: Data from the DSM-IV Field Study. Presented at the 26th Annual Convention of the Assoziation for the Advancement of Behavior Therapy. Nov 12–19, Boston, Mass.

Funk, M.-T. (2003): Rituale – Was sind Rituale und wozu braucht der Mensch Rituale? In: Z-aktuell – Die Zeitschrift der Deutschen Gesellschaft Zwangserkrankungen e. V. (DGZ), Ausgabe 4, S. 13.

Goodman, Wayne K. et al. (1989): The Yale-Brown Obsessive Compulsive Scale (Y-BOCS): Development, use, and reliability. Archives of General Psychiatry, 46, S. 1006–1016.

Hand, I.; Büttner-Westphal, H. (1991): Die Yale-Brown Obsessive Compulsive Scale (Y-BOCS). Ein halbstrukturiertes Interview zur Beurteilung des Schweregrades von Denk-und Handlungszwängen. In: Verhaltenstherapie, S. 223–225.

Hartrampf, J. (2014): Differentielle Emotionalität bei Zwangsstörungen. Bachelorarbeit an der Heinrich-Heine-Universität Düsseldorf.

Hautzinger, M. (1994): Action control in the context of psychopathological disorders. In: J. Kuhl; J. Beckmann (Hrsg.): Volition and personality: action versus state orientation. Hogrefe, Seattle, S. 209–215.

Jürgens, Karl (1846): Luthers Leben. Leipzig, S. 157.

Kierkegaard, Sören (1926): Kierkegaards efter ladte Papirer. Hrsg. v. P. A. Heiberg, Kopenhagen, IX, 75. S. a. Eduard Geismar: Wie urteilte Kierkegaard über Luther? Luther – Jahrbuch X, 1928.

Klepsch, R. et al. (1993): Hamburger Zwangsinventar – Kurzform (HZI-K). Beltz, Weinheim.

Köhler, Joachim (2017): Luther! Biographie eines Befreiten. Evangelische Verlagsanstalt, Leipzig.

Kordon, Andreas et al. (2013): S3 – Leitlinie Zwangsstörungen – Kurzversion – im Auftrag der Deutschen Gesellschaft für Psychiatrie und Psychotherapie, Psychosomatik und Nervenheilkunde (DGPPN) Veröffentlichung im Internet. https://www.dgppn.de/_Resources/Persistent/ddfddeb30bbd1b9015ed-f854e858ceeccdac351a/S3-Leitlinie%20Zwangsst%C3%B6rungen%20Leilinienreport%20Endversion%2019%2008%202013.pdf [Zugriff: 20.08.2018].

Kuhl, J. (2001): Motivation und Persönlichkeit. Interaktionen psychischer Systeme. Hogrefe, Göttingen.

Lakatos, A. (1994): Kognitive Verhaltenstherapie bei Zwangsstörungen: eine kontrollierte Therapiestudie. Dissertation an der Otto-Friedrich-Universität Bamberg.

Lakatos, A.; Reinecker, H. (1999): Kognitive Verhaltenstherapie bei Zwangsstörungen. Ein Therapiemanual. Hogrefe, Göttingen.

Lehmkuhl, L. H. J. (2002): Komorbidität und deren zeitliche Charakteristika bei Patienten mit Zwangsstörung. Dissertation zur Erlangung des akademischen Grades an der medizinischen Fakultät der Ernst-Moritz-Arndt-Universität Greifswald. Unveröffentlicht.

Margraf, Jürgen; Schneider, Silvia (2013): Panik: Angstanfälle und ihre Behandlung. Springer, Berlin/Heidelberg.

Mavorgiorgou, P. et al. (2010): Low serotonergic function and its normalization by treatment with sertraline in obsessive-compulsive disorder – an auditory evoked potential study. Journal of clinical psychopharmacology, 30 (3), S. 341-343.

Mowrer, O. H. (1960): Learning theory and behavior. Wiley, New York.

Oberman, Heiko A. (1981): Luther – Mensch zwischen Gott und Teufel. Severin und Siedler, Berlin.

Rasmussen, Steven A.; Eisen, Jane L. (1992): The Epidemiology and Differential Diagnosis of Obsessive-Compulsive Disorder. In: I. Hand, W. K. Goodman und U. Evers (Hrsg.): Zwangsstörungen. Neue Forschungsergebnisse. Duphar med Communication, Volume 5, Springer Verlag, Berlin/Heidelberg.

Reinecker, H. S. (1994): Zwänge: Diagnose, Theorien und Behandlung. 2. Aufl. Hans Huber, Bern.

Reiter, Paul J. (1937): Martin Luthers Umwelt, Charakter und Psychose. Levin und Munksgaard, Kopenhagen.

Roper, Lyndal (2016): Luther – Der Mensch Martin Luther. Fischer, Frankfurt a. M.

Scharfetter, C. (2002): Allgemeine Psychopathologie. Thieme, Stuttgart.

Schwartz, Jeffrey M.; Beyette, Beverly (1999): Zwangshandlungen und wie man sich davon befreit. Fischer, Frankfurt a. M.

Seligman, M. E. P. (1970): On the generality of the laws of learning. Psychological Review, 77, S. 406–418.

Seligman, M. E. P.; Johnston, J. C. A. (1975): A cognitve theory of avoidence learning. In: F. J. McGuigan; D. B. Lumsden (Hrsg.): Contemporary approaches to conditioning and learning. Wiley, New York.

Sieg, J. (2001a): Psychophysiologische Prozesse bei Wasch- und Kontrollzwängen: Eine Überprüfung der Angstreduktionshypothese. Europäische Hochschulschriften, Dissertation an der Rheinischen Friedrich-Wilhelms-Universität Bonn.

Sieg, J. (2001b): »Mit Angst hat das bei mir gar nichts zu tun; das ist wie eine Sucht.« – Über Psychologische Prozesse bei Zwangshandlungen. In: Z-aktuell – Die Zeitschrift der Deutschen Gesellschaft Zwangserkrankungen e. V. (DGZ).

Skinner, B. F. (1948). »Superstition« in the pigeon. Journal of Experimental Psychology, 38 (2), S. 168–172.

Skoog, G.; Skoog, I. (1999): A 40-year follow-up of patients with obsessive-compulsive disorder. Archives of General Psychiatry, 65 (2), S. 121–127.

Udolph, Jürgen (2016): Martinus Luther – Efeutherius – Martin Luther. Warum änderte Martin Luther seinen Namen? Winter, Heidelberg.

Wittchen, H. U. et al. (2011): The size and burden of mental disorders and other disorders of the brain in Europe. European Neuropsycho pharmacology, 21, S. 655–679.

Zhong, C. B.; Liljenquist, K. (2006): Washing away your sins: Threatened morality and physical cleansing. Science, 313 (5792), S. 1451–1452.